AF314679

ÉCOLE IMPÉRIALE ET SPÉCIALE
DES LANGUES ORIENTALES

CHRESTOMATHIES ORIENTALES

PUBLICATIONS DE M. LÉON DE ROSNY

relatives au Japon

QUI SE TROUVENT CHEZ LES MÊMES LIBRAIRES

INTRODUCTION A L'ÉTUDE DE LA LANGUE JAPONAISE. *Paris*, 1856; in-4°, avec sept planches . . . . 12 fr.

DICTIONNAIRE JAPONAIS-FRANÇAIS-ANGLAIS. *Paris*, 1857-63; in-8°, publié en 10 livraisons, en cours d'impression. . . . . 60 fr.

MANUEL DE LA LECTURE JAPONAISE, à l'usage des voyageurs et des personnes qui veulent s'occuper de l'étude du japonais. *Amsterdam*, 1859; in-12. . . . . 3 fr.

LE MÊME en hollandais. . . . . 4 fr.

MÉMOIRE SUR LA CHRONOLOGIE JAPONAISE, précédé d'un aperçu des temps anté-historiques. *Paris*, 1857; in-8°, avec planche. . . . . 2 fr.

REMARQUES SUR QUELQUES DICTIONNAIRES JAPONAIS et sur la nature des explications qu'ils renferment. *Paris, Imprimerie Impériale*, 1858; in-8° . . . . 2 fr.

LA CIVILISATION JAPONAISE. Mémoire lu à la Société de géographie le 5 avril 1861. *Paris*, 1861; in-8°. . . . . 2 fr.

NOTICE ETHNOGRAPHIQUE DE L'ENCYCLOPÉDIE JAPONAISE *Wa-kan-san-saï-dzou-yé*. *Paris*, 1861; in-8° . . . . 2 fr.

RAPPORT sur le Dictionnaire japonais-russe de M. Gochkiewitch. *Saint-Pétersbourg*. (Extrait du *Bulletin de l'Académie impériale des sciences de Russie*.) 1861; in-8°. 50 c.

RAPPORT A S. EXC. LE MINISTRE D'ÉTAT sur la composition d'un Dictionnaire japonais-français-anglais. Publié par autorisation de S. Exc. le ministre d'État. *Paris*, 1862; in-8°. . . . . 2 fr.

L'EMPIRE JAPONAIS et les Archives de M. de Siebold. *Paris, Imprimerie impériale*, 1862; in-8°. . . . . 2 fr.

DISCOURS D'OUVERTURE DU COURS DE JAPONAIS, ouvert à l'École spéciale des langues orientales, le 5 mai 1863. *Paris*, 1863; in-8°. . . . . 1 fr.

---

515 — Paris, imprimerie H. CARION, rue Bonaparte, 64.

RECUEIL

DE

TEXTES JAPONAIS

A L'USAGE

DES PERSONNES QUI SUIVENT LE COURS DE JAPONAIS

PROFESSÉ A L'ÉCOLE SPÉCIALE DES LANGUES ORIENTALES

PAR M. LÉON DE ROSNY

PARIS

MAISONNEUVE ET Cie, LIBRAIRES-ÉDITEURS

POUR LES LANGUES ÉTRANGÈRES, ORIENTALES ET COMPARÉES

15, QUAI VOLTAIRE. — A LA TOUR DE BABEL

1863

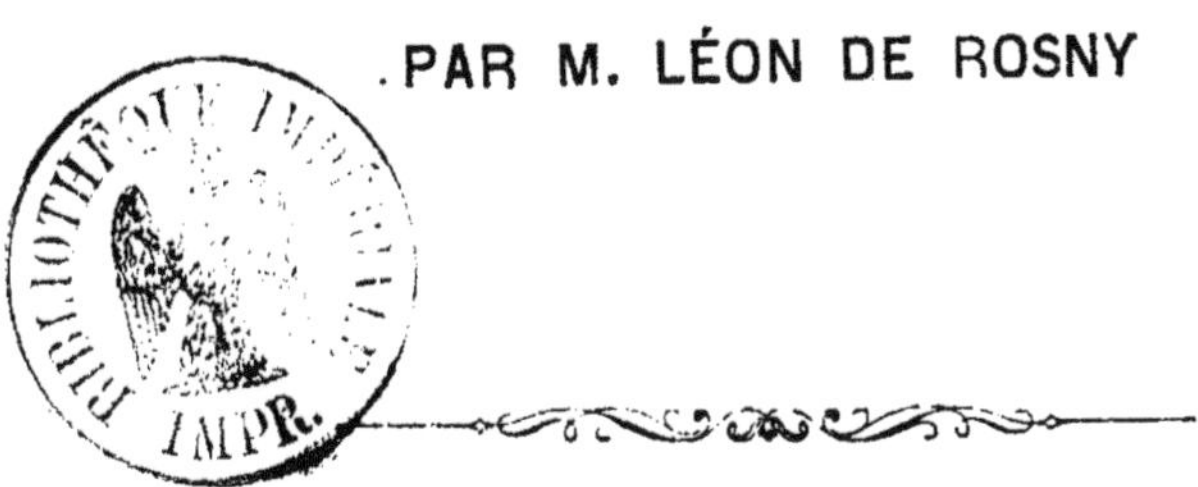

AVERTISSEMENT

L'impossibilité de se procurer, dans la librairie, des livres japonais en nombre suffisant pour répondre aux besoins d'un cours public, m'a imposé le devoir de faire paraître un recueil de textes destiné aux élèves de l'École impériale et spéciale des langues orientales vivantes.

Obligé de composer et de livrer en très-peu de jours ce recueil à l'impression, j'ai dû, à mon regret, éliminer ou modifier certains morceaux dont la reproduction présentait trop de difficultés au calligraphe chinois Ting Tun-ling, qui m'a prêté, pour ce travail, l'aide de son pinceau. J'ai dû renoncer également, pour ne pas retarder cette publication, à disposer suivant un ordre méthodique les fragments de textes qu'elle renferme.

Tel qu'il est, cet opuscule comprend plusieurs extraits d'ouvrages historiques, géographiques et scientifiques rédigés dans divers styles; le Livre classique des mille mots tout entier, d'abord en caractères idéographiques droits avec la transcription des sons, ensuite en caractères abrégés (*sô-syo)* avec traduction japonaise interlinéaire ; des exemples pour initier les étudiants à la lecture des livres écrits en signes cursifs ; un choix de phrases usuelles, de proverbes, de sentences et de dialogues ; des spécimens de littérature épistolaire, de poésies, etc. Parmi ces morceaux quelques-uns ont déjà été traduits, d'autres seront expliqués dans mes leçons pour la première fois.

Pendant les vacances qui suivront le second semestre des cours de l'École spéciale des langues orientales, je m'occuperai de la publication des livres nécessaires à l'enseignement qui m'a été confié. Déjà un *Vocabulaire sinico-japonais*, renfermant environ 8,000 signes idéographiques avec leur explication française, est livré à l'impression. Aussitôt après, je mettrai sous presse un recueil de *Dialogues japonais* pour exercer à la conversation. Enfin, je ferai mes efforts pour hâter la publication de mon *Dictionnaire japonais*, afin d'offrir aussi promptement que possible à mes auditeurs l'ouvrage le plus indispensable au succès de leurs études.

Paris, le 28 avril 1863.

TABLE DES TEXTES JAPONAIS

---

1. Voy. de Rosny, *Mémoire sur la chronologie japonaise*. Appendice. Paris, 1857 ; in-8°.

2. Voy. Titsingh, *Annales des empereurs du Japon*. Paris, 1834 ; in-4°.

3. Voy. Klaproth, *Aperçu des trois royaumes*. Paris, 1832 ; in-8°. (La traduction de cet ouvrage avait été rédigée, comme celle de l'ouvrage précédent, par Titsingh, sous la dictée des interprètes japonais du comptoir hollandais de Dé-sima.)

4. Cet ouvrage n'a jamais été traduit.

5. Non traduit.

6. C'est la version japonaise du texte de Confucius, dont le premier des *Quatre livres* moraux de la Chine est le développement.

7. Ce texte, composé de mille mots différents, sert à l'instruction de la jeunesse aussi bien au Japon qu'en Chine. Il est reproduit ici pour exercer à la prononciation japonaise (*koyé*) des caractères chinois (*kan-zi*).

8. Voy. M. Hoffmann, dans le *Journal asiatique* de 1855.

9. Non traduit.

10. Publié et traduit en allemand par M. Aug. Pfizmaier, sous le titre de *Sechs Wandschirme in Gestalten der vergänglichen Welt.* Wien, 1847; in-8°.

11. Cet ouvrage n'a pas encore été traduit.

12. Non traduits. Nous publierons prochainement une traduction de ces dialogues et de plusieurs autres spécimens de la langue vulgaire des Japonais.

13. D'après le *Sprachenhalle* de M. Auer.

14. Pour la première, voy. de Rosny, *Introduction à l'étude de la langue japonaise.* Paris, 1856; in-4°. Les autres pièces n'ont pas été traduites.

www.ingramcontent.com/pod-product-compliance
Ingram Content Group UK Ltd.
Pitfield, Milton Keynes, MK11 3LW, UK
UKHW021628170726
13836UKWH00005B/2100

9 782329 581385

羅尼輯著　丁敦齡書

日本文集

法國　巴里京都東學所石板印

一千八百六十三年

Imp. Lemercier r. de Seine 57 Paris

い以ろ呂は波に仁ほ保へへと止
ち知り利ぬ奴る留を遠わ和か加
よ與た太れ禮そ曾つ川ね禰な奈
ら良む武う宇ゐ爲の乃お於く久
や也ま末け計ふ不こ己え江て天
あ安さ左き幾ゆ由め女み美し之
ゑ惠ひ比も毛せ世す寸んン

以い呂ろ波は

片假名

ミ mi ○	コ ko 己	井 yi ○	レ re 礼	リ ri 利	イ i 伊
シ si 之	エ ye 江	ノ no 乃	ソ so 曽	ヌ nou 奴	ロ ro 呂
ヱ ye 慧	テ te 天	オ o 於	ツ tsou 川	ル rou 流	ハ fa 半
ヒ fi 比	ア a 阿	ク kou 久	子 ne ○	ヲ wo 乎	ニ ni 仁
モ mo 毛	サ sa 薩	ヤ ya 也	ナ na 奈	ワ wa 和	ホ fo 保
セ se 世	キ ki 幾	マ ma 末	ラ ra 良	カ ka 加	ヘ fe へ
ス sou 須	ユ you 弓	ケ ke 介	ム mou 牟	ヨ yo 與	ト to 止
ン n ○	メ me 女	フ fou 不	ウ ou 宇	タ ta 多	チ tsi ○

大日本國

古《イニシヘ》天《アメ》地《ツチ》未《イマダ》剖《ワカレ》陰《メ》陽《ヲ》不《ザルトキ》分《ワカレ》渾《ヒカレ》沌《タルフ》如《ゴトク》鷄子《トリノコノ》溟《クモ》涬《リテ》而含《フクメリ》牙《キザシヲ》及《コテ》其《ソレ》清《スミ》陽《アキラカナ》者《ルモノハ》薄靡《タナビイテ》而為《ナリ》天《アメト》重《カサナリ》濁《ニゴレル》者《モノハ》淹滯《ツヾイテ》而爲《ナルニ》地精妙《ツチトクハシクタヘナルガ》之合《アヘルハ》摶易《アフギヤスク》重濁《カサナリニゴレルガ》之凝《コリタルハ》場難《カタマリガタシ》故《カレ》天《アメ》先《マヅ》成《ナツテ》而地《ツチ》後《ノチニ》定《サダマル》然後神聖《カミ》生《アレマス》其《ソノ》中《ナカニ》焉故《カレ》曰《イハク》開闢《アメツチヒラクル》之初《ハジメニ》洲壤《クニツチノ》浮《ウカレ》漂《タヾヨヘル》譬《タトヘバ》猶《ナヲシ》游《アソフ》魚《ウヲノ》之浮《ウケルガ》水上《ヘニ》也于時《トキ》天《アメ》地《ツチノ》之中生《カニナレリ》一《ヒトツノ》物《モノ》狀《カタチ》如《ゴトシ》葦《アシ》牙《カビノ》便化爲神《カミト》號《マウス》國《クニ》常《トコ》立尊《タチノミコト》

震《シン》旦《ダン》國《コク》

昔《ムカシ》者天地未《ダ》分《タ》謂《イフ》之《レリ》渾《コン》沌《トント》亦曰《リ》盤《ハン》古《コ》遂有五大
生焉太《タイ》易《エキ》太《タイ》初《シヨ》太《タイ》始《シ》太《タイ》素《ソ》太《タイ》極《キヨク》也《ナリ》太《タイ》易《エキ》者《ハ》天地
未《ス》形《タカタチセ》太初者《ハ》元《ゲン》氣《キ》已萠《キザセリ》太始者《ハ》氣《キ》形《ケイ》方《マサニ》端《タダシ》太素
者《ハ》形《チ》變《メ》有《リ》質《シツ》太極者《ハ》質《シツ》形《ケイ》已具《ソナハル》五氣通《トウ》運《ウンス》謂《イフ》之《レヲ》
天地《ノ》元《ト》清《ハ》以《テ》陽《ヲ》發《ス》故氣上《ノボリテ》為《ナル》天《ト》濁《ハ》以《テ》陰《ヲ》凝《コル》故氣
下《クダリテ》為《ル》地《ト》冲《チウ》和《ワノ》氣《キ》為《ル》人《ヒトト》天地形《チ》別《ワカル》謂《イフ》之《レヲ》二儀《ギト》以《テ》人《ヲ》

參之謂《イフ》之三才《サイト》其始有人皇氏

太極《たいきよく》

○太極《たいきよく》ハ天地《てんち》いまだわかれざる陰陽《いんやう》わかれざれバ渾沌《こんとん》たる事鷄子《とりのこ》のごとし溟涬《めいけい》て形《きざ》しをふくめるまゝ鵝毛《がもう》の未判《びはん》といふ其《その》清陽《すみあきらか》なるものハ薄靡《はくび》て天《あめ》となり重濁《おもくにごれる》ものハ淹滞《とゞこほり》て地《つち》となる　これおのづから天地《てんち》開闢《ひらく》して其間《そのあひだ》に万物《ばんぶつ》生《しやう》ず開闢以前《いぜん》の代太極といひ天地《てんち》陰陽《いんやう》わかれざる代両儀《りやうぎ》といふ

日本王代一覧目録

神《ジン》武《ム》天《テン》皇《ワウ》　在位七十六年

安《アン》寧《ネイ》天《テン》皇《ワウ》　在位三十八年

懿《イ》徳《トク》天《テン》皇《ワウ》　在位三十四年

孝《カウ》照《セウ》天《テン》皇《ワウ》　在位八十三年

神《ジン》功《ゴウ》皇《クワウ》后《グウ》　在位六十九年

日本王代一覧

人王一代

神《ジン》武《ム》天皇　天照大神ヨリ五代。鸕《ウ》鷀《ガ》草《ヤ》葺《フキ》不合《アハセズ》尊《ミコト》第四ノ御《ミ》子ナリ。御母《ハヽ》ヲ玉《タマ》依《ヨリ》姫《ビメ》トイフ。龍《リウ》神《ジン》ノ孃《ムスメ》ナリ。神武御年十五ニテ。太子ニタチタマフ。御年四十五ノ時。日《ヒウ》向《ガノ》ヨリ船《フナ》軍《イクサ》ヲヲユシ。筑《ツク》紫《シ》ヲ平《タイラ》ケ安《ア》

藝《キノ》國ヘ出タマヒ其《ソレ》ヨリ吉《キ》備《ビ》國ヘ到《イタ》リタマヒテ。兵船ヲトヽノヘ。兵粮《ラウ》ヲアツメ。三年逗《トウ》留《リウ》シタマフ（吉備國ハ今ノ備前備中備後ナリ）其ヨリ難《ナニ》波《ハ》河《カハ》内《チ》ヲ歴《ヘ》テ大《ヤマ》和《ト》國孔《ク》舎《サ》衛《エ》坂《サカ》ト云所ニテ。長《ナガ》髓《スネ》彦《ヒコ》トイヘル大敵《テキ》ト合《カッ》戰《セン》シ。又紀《キ》伊《イ》國名《ナ》草《グサ》熊《クマ》野《ノ》ニテ。度《ド》々合戰ス。海上ニテ風ニテテラレ。官《クワン》軍《グン》利《リ》ヲ失《ウシナ》テ。神武ノ御兄《イロセ》三人。所

ヘニテウセタマヒヌ。サレドモ神武ノ兵威。次第ニ強リ盛ニシテ。長《ナガ》髓《スネ》彦《ヒコ》ヲ始トシテ。菟《ウ》田《タノ》兄《エウ》猾《ケシ》八《ヤ》十《ソ》梟《タ》帥《ケリ》兄《エ》磯《シ》城《キ》ナド云ル。數多ノ大敵悉ク滅シカハ。甲《キノヘ》寅《トラ》ノ年ニ。日向ノ國ヲ出タマヒシヨリ。十年ヲ歴テ。辛《カノト》酉《トリ》ノ年。大和ノ國畝《ウネ》傍《ビ》山《ヤマ》ヲ切《キリ》開《ヒラキ》テ。内《ダイ》裏《リ》ヲ作《ツク》リ帝《テイ》位《イ》ニツキタマフ。是ヲ橿《カシハ》原《バラノ》宮《ミヤ》ト申

ス。郎《スケチ》是《コレ》神武天皇ノ元年ナリ。宇《ウ》摩《マ》志《シ》麻《マ》治《チリ》命《ミコト》ト。道《ミチ》臣《オミノ》命《ミコト》ト兩人。武《フ》功《コウ》勝《スグ》レタルニヨリテ。軍兵ヲ召《メシ》具《グ》シ。内裏ヲ警《ケイ》固《ゴ》ス。道《ノ》臣《ノ》命ノ司《ツカサド》ル軍兵ヲバ。來《ク》目《メ》部《ブ》トイフ。宇《ウ》摩《マ》志《シ》麻《マ》治《チリ》命ノ司ドル所ヲバ物《モノヽ》部《ヘ》トイフ。今ニ至ルマテ。武《ブ》士《シ》ヲモノヽフトイフコトハ。是ヨリ始レリ。天《アマノ》種《タ子》子《コノ》命。天《アメ》富《トミノ》命。

左《サ》右《ウ》ニ侍《ハンベ》リテ政《マツリゴト》ヲ執《トリ》行《オコナ》フ。天《アマ》種《ノタネ》子《コノ》命ハ。天ノ兒《コ》屋《ヤ》根《ネノ》命神春《カス》日《ガ》大明ノ末ニテ。藤《フヂ》原《ハラ》氏《ウヂ》ノ先《セン》祖《ゾ》也。宇摩志麻治ノ命ト。天《アマノ》奇《アマシ》日《ヒ》方《カタノ》トヲ以テ。申《シン》食《ショク》國《コク》政《セイ》大《タイ》夫《フ》トス。此ノ官ハ。後《コウ》世《セイ》ノ大臣ノ儀ナリ。天皇アルトキ。高キ丘《ヲカ》ニ登《ノボリ》テ。此國ノ狀《カタチ》蜻蛉ニ似《ニ》タルヲ見テ。始テ秋《アキ》津《ツ》洲《ス》ト名ヅケラル。蜻蛉ハカゲラフト云《イフ》虫。

也。天皇在《ザイ》位《イ》七十六年ニシテ崩《ホウ》御《ギョ》マシマス。御年百二十七 此御代ノ元年。異朝ニテハ。周ノ惠《ケイ》王ノ十七年ニ當《アタ》レリ

三代

安《アン》寧《子イ》天皇　綏靖ノ太子ナリ。御母ハ。五十《メ》鈴《ズ》依《ヨリ》媛《ヒメ》トイフ。是モ事代主ノ神ノ娘ナリ　此時都《ミヤコ》ヲ大和《ヤマト》ノ片塩《カタシホ》ニ遷シ。浮孔《ウキアナ》宮ニマシマス。出雲色命トイフ人。政ヲ執《トリ》行フ　在位三十八年ニ崩ス。御年五十七

四代

懿《イ》徳《トク》天皇　安寧ノ太子ナリ御母ヲ渟《メ》名底《ナソコ》仲媛《ナカヒメ》トイフ。鴨王《カモノキミ》トイヘル人ノ娘ナリ。此代《ヨ》ニ都ヲ大和ノ軽地《カルノトコロ》ニ遷《ウツ》シテ。曲峡《マガリヲ》宮ニマシマス。出雲色ノ命政《マツリゴト》ヲ執リ行。在位三十四年ニ崩ス。御年七十七　此御代元年。異《イ》朝《テウ》ニテ。周ノ敬《ケイ》王十年ニアタレリ。孔子此時ニ出タリ

五代

孝《カウ》照《セウ》天皇　懿德ノ太子ナリ。御母ハ。天《アメ》豊《トヨ》津《ツ》媛《ヒメ》トイフ。安寧ノ孫《マコ》。息《イキ》石《シ》耳《ミミ》ノ命ノ娘ナリ。此時都ヲ大和ノ掖《ワキ》ノ上《カミ》ニ遷《ウツ》シ。池心ノ宮ニ下シ下ス。出石心ノ命。瀛《ヲキ》津《ツ》世《ヨ》襲《ソ》ノ命。政ヲ行フ。在位八十三年ニシテ崩ス。年百十四

十五代

神《ジン》功《ゴウ》皇《クハウ》后《グウ》 仲哀ノ后《キサキ》ナリ。開《カイ》化《クワ》天皇ノ曽孫《マゴ》。氣《イキ》長《ナガ》宿《スク》祢《ネ》ノ娘ナリ 皇后筑《ツク》紫《シ》ニテ懐《クハイ》妊《ニン》ノ内ニ。仲哀崩《ホウ》御《ギヨ》アリシカハ。武内大臣ト相《サウ》談《ダン》シ。仲哀ノ崩御ヲカクシ。官《クワン》軍《グン》ヲ遣《ツカハ》シ。熊《ヨ》襲《ソ》ヲ討《ウチ》平《タイラゲ》シム。其外ノ謀判人ヲモ皆シヅメタマフ。皇后神《ジン》託《タク》ニカセ。新羅ヲウタントヲホシメ

シ。肥前ノ國松浦《マツラ》ノ河ニテ鉤《ツリバリ》ヲナゲ。我思《オモ》フコトガナフベクンバ。此餌《エ》ヲハムベシト云テ。鉤《ツリ》竿《ザホ》ヲアケタマヘバ。細鱗魚ヲ得タリ。今ニ至《イタル》マデ。此河ニ年《ア》魚《ユ》多《オホ》シ。女人鉤《ツリ》トキハ魚ヲ得。男《ヲトコ》鉤トキハ魚ヲ得ズトナン。皇后又橿《カシ》日《ヒノ》浦《ウラ》ニテ御《ミ》髪《クシ》ヲトキテ曰《イハク》。我西《サイ》方《ハウ》ヲウタントス。其驗《シルシ》アルベクンバ。我髪《カミ》分《ワカ》テ兩《フタツ》トナルベシトテ。御髪ヲ海《カイ》水《スイ》ニヒタシ

洗《アラフ》ヘハ。忽《タチマチ》兩方ヘ分《ワカ》レケレバ。即《スナハチ》其ノ分ルヽ二。分チ
束子テ髻《モトヾリ》トシテ。男《ナン》子《シ》ノ貌《カタチ》ヲ假《カリ》テ。群《クン》臣ト征《セイ》
伐《バツ》ノコトヲ議シタマフ。即《チ》諸《シヨ》國《コク》ヘ勅《チヨク》シテ。舩《フネ》ヲア
ツメ。武《ブ》具《グ》ヲトヽノヘ。軍《グン》兵《ビヤウ》ヲメシアツム。弩ト
云ル大弓モ。此時始テ作《ツク》レリ。皇后ミツカラ
斧《ヲノ》鉞《マサカリ》ヲ取《トリ》テ。諸軍ヲ下《ゲ》知《ヂ》シタマフ。住《スミ》吉《ヨシ》明《ミヤウ》
神《ジン》ノ靈《レイ》出テ。御舟《フネ》ヲ守《マモ》リ。先《サキ》鋒《ガケ》スト云ツタ

ヘタリ。此神ハ水神《スイシン》ナルユヘナリ。其外《ホカ》アヤシキ事ドモタシ。皇后石《イシ》ヲ取テ。御腰ニハサミ。マジナイタマヒテ。願ハ胎内ノ皇子。征伐《セイハツ》ヲハリテ。還ン時ニ。誕《タン》生《ジヤウ》シタマヘトノタマフ。御船《フ子》ステニ和珥津《ワミノウ》ヨリ出ルトキ。波《ナミ》風甚《ハナハダ》アラカリケルガ。海中《カイチウ》ノ大魚《ギヨ》多《オホ》ク浮《ウカ》ヒ出テ。御船《フ子》ヲサシハサミマモリケレバ。波《ナミ》風モタヲヤカニナリテ。幾《イク》程《ホド》モナク。新《シン》

羅ノ王。大ニ恐《ヲソ》レ。是ハ日本ノ神《ジン》兵ナルベシトテ。拒《フセグ》コトアタハズ。自《ミヅカ》ラ囚《トラハレ》人《メシウト》トナリ。素キ旗《ハタ》ヲ立テ降《カウ》參《サン》シ。求《ナカ》ク日本ノ奴《ヤツコ》トナリテ。貢《ミツキ》物ヲ棒《サゲ》ベシト申ス。官《クハン》軍《グン》新羅王ヲ誅《チウ》セントス。皇后下知シテ。其命《メイ》ヲユルシ。遂ニ其國中ヘ入テ。財《サイ》寳《ホウ》ノ入タル府庫《クラ》ニ封《フウ》ヲツケ。繪《エ》圖《ヅ》書《シヨ》物《モツ》ヲ收《ヲサメ》トリ。皇后ノ杖《ツヱ》ニツキタマフ矛《ホコ》ヲ。新羅王ノ

門ニタテ、後世ノシルシトス。或《アル》説《セツ》ニハ。新羅王ハ。日本ノ犬《イヌ》ナリト。弓《ユミ》ニテ書ツケタマヘリ。是犬《イヌ》追《ヲフ》物ノヲコリナリトモ云リ。新羅王ス十八千人質《ジチ》ヲタテマツリ。金銀并《ナラビニ》色《イロ》アル絹サマ〴〵ヲ。船ハ十艘《サウ》ニツミテ奉ル。コレヨリ毎《マイ》年八十艘ノ貢物《ミツギ》ヲタテマツル。高《カウ》麗《ライ》王百《ハク》濟《サイ》王コレヲキヽテ。ヒソカニ人ヲツカハシ。日本ノ軍《イクサ》ノ勢《セイ》ヲウカヾヒ。敵《テキ》

對《タイ》ナリガタキコトヲサトリテ各《ヲノヽ》自《ミヅカ》ラ皇后ノ
御陣ニ參テ頭ヲタヽキ平《ヘイ》伏《フク》シ。今ヨリ以《イ》後《ゴ》永《ナガ》ク
日本ヘシタガヒ。毎年ノ貢物ヲコタルヘカラズト
申ス。新羅高麗百濟ヲ。三韓ト云今ノ朝《テウ》鮮《セン》是
ナリ。三韓スデニ平ケレハ。大矢《ヌ》田《ダ》宿《スク》祢《子》ト云人ヲ。
新羅ニ留《トヾメ》テ鎮《チン》守《シユ》將軍トシ。三韓ヲ下知セシメテ。
皇后ハ皈《キ》朝《テウ》シタマフ。異《イ》朝《テウ》ノ書ニハ此《ノ》時魏《ギ》ノ帝《ミカド》ノ

使者《シシヤ》張政《チヤウセイ》ト云モノ來テ日本ト三韓トノ。アリカヒノ事ヲ調《トノ》フトイヘリ　皇后筑紫《ツクシ》ヘ皈《カヘ》リ。皇子ヲ誕生《タンジヤウ》ス。應神《ヲウジン》天皇是ナリ。其所ヲ宇瀰《ウミ》ト名《ナ》ヅク。ユヽニヲヒテ皇后豊浦ヘ皈《カヘ》リ。仲哀天皇ノ喪《モ》ヲヲサメテ。大和ヘ赴《ヲモム》ク。此時ニ仲哀ノ妾《ヲンナメ》ノ子《コ》。麛《カゴ》坂《サカノ》王。忍《ヲシ》熊《クマ》王二人。兵ヲ起シ播《ハリ》磨《マノ》國ニテ。皇后ヲ防キテ曰ク我ハ兄《イロ子》ナリ。皇后ノ産《ウメル》トコロハ。

弟ナリ。何ゾ従《シタガ》フヘケンヤト云フ。其ノヲリフシ。麛坂ノ王狩《カリ》ニ出テ。赤キ猪《イ》ニ喰殺サル。忍熊ノ王ハ退テ。山城《シロ》ノ國菟道邊《ウヂノヘン》ニ陣《ヂン》ヲ張《ハ》ル。皇后武内宿祢《タケウチスクネ》ヲ大将トシテ。忍熊ノ王ヲ伐ツ。武内詐リテ曰ク。忍熊ノ王帝位《テイイ》ニ即《ツク》ヘシ。皇后母子《ホシ》従《シタガ》ヒ奉ラルベシト云。忍熊悦《ヨロコビ》テ油断《ユダン》スル所ヲ。武内急《キウ》ニ攻ケレバ。忍熊破《ヤブ》レ。走《ハシ》リテ勢《セ》田ニ沉《シヅ》ミ死スコレニ

ヨリテ皇后天下ノ政《マツリゴト》ヲ執《トリ》行《オコナ》ヒ大和ノ盤余《イハレ》ノ宮ニ住《スミ》タマフ仲哀天皇ノ葬禮ヲ執《トリ》行《オコナ》ヒ産《ウメ》ルトコロノ皇子ヲ太子トス異《イ》朝《テウ》ノ魏《ギ》ノ國ヘ使者《シシヤ》ラ兩《リヤウ》度《ド》遣《ツカハ》ス魏《ギ》ノ國ヨリモ使者來《ライ》朝《テウ》ス互《タガイ》ニ贈《ヲクリ》物アリ又呉《ゴ》國ノ王孫《ソン》權《ケン》ハ日本ヲ攻ントテ數《ス》萬ノ人數《ジユ》ヲ渡《ワタ》ストイヘドモ海《カイ》上ニテ疫《ヤク》病《ビヤウ》ニカヽリテ死《シス》ルモノ多シ怨《ヲウ》ジテ此皇后ノ事ハ異朝ノ

書物ニモ多ク書《カキ》記《シルシ》タリ　在位六十九年ニシテ
崩ス時百歳

三國通覧

朝鮮

其国九州ノ北ニ在。肥前国唐津ヨリ壹岐嶋江海上十三里。壹岐嶋ヨリ對馬嶋江海上四十八里。對馬嶋。豊ノ浦ヨリ朝鮮ノ東萊。釜山浦江四十八里ト云𪜈四十里ニ不足ク。其国。南北ニ斜ニ長ク東西ニ陝シ。大概南北日本道三百里。東西八九十里ノ国也

其国三十五度ヨリ四十三度ニ係ル○釜山浦ハ三十六度○王都ハ三十八度古代○新羅○高麗○百濟○ト云亦ハ三韓ト云或ハ鷄林○樂浪ナド、云シモ今ノ朝鮮ノヿ乀○其国ノ西方ト北方ニ二ツノ長江アリ即チ朝鮮地境ノ盡ル処也○此両江ノ中間ニ白登山○長白山等ノ大山有テ地勢ヲ隔ル○故唐山《カラ》

ト陸地ノ通路ハ無之ト云𪜈其實ハ遼東ト地續ニシテ離レ嶋ニハアラズ、其国ノ両都ト云ハ京畿道ノ王城ト慶尚道ノ晋州也〇国ヲ八道ニ分ツヿ左ノ如シ

京《ケン》畿《キ》道《ダイ》ニ十八管　四牧。九府。八郡。五令。十二監。六堡。海水軍判官二。番船九艘。中舩九艘。水使一。撿使一。萬戸二〇江《カ》原《ワン》道《ダイ》ニ十六管　一牧。六府。七

郡。三令。九監。四驛。五堡。撿使一。萬戶二。

黃海《ハイ》道　二十四管　二牧。四府。七郡。四令。三驛。七堡。兵使一。撿使三。萬戶五○忠清《チゾシヤゾ》道　五十四管　四牧一。府十一。郡。一令三十七監。六驛。六堡。番舩二十艘。中舩二十艘。兵使一。虞候二○全羅《テルラ》道　五十七管　四牧。四府。十二郡。六令。三十一監。六驛。十八堡。番舩四十二艘。中舩十二艘。兵

使二。虞候二。撿使四。萬戸十三。権官一
慶《ケリ》尚《シヤグ》道 六十九管 四牧。十一府。十四郡。一
令。三十四監。十一驛。二十四堡。番舩五十
六艘。中舩五十一艘。兵使二。虞候二。水使
二。撿使二。萬戸十九。権官六 平《ペ》安《アン》道 四
十二管 二牧。十府。十七郡。八令。五監二
驛。十八堡。兵使一。虞候一。判事一。撿使十

一。萬戸七。権官二十九○咸鏡《ハミキヤン》道ゟ三十二管
二牧。十五府。四郡。二監。三駅。三堡。北兵使
一。南兵使一。虞候二。撿使十二。萬戸十八。
権官二十一。
都テ八道也

此国ノ西邉義州ヨリ遼東江至ル日本道五
十里。北京江至ル同二百五十里也

此国大閤征伐ノ頃迠ハ風儀懦弱ニシテ武備ノ沙汰モ當世ノ如クニ無リシ故。八道ヲ只三ケ月ノ間ニ陥レラレ其後大ニ悔懲シト覚ヘテ代々武ヲ講シテ今ハ水陸ノ備能整ヒリト聞及ベリ。水営モ十四ケ處有テ平生水戦ヲ習ハシムト云リ況ヤ陸ヲヤ。是等ノ事ハ俗諺ノ雨降テ地堅マルト云譬ノ如シ○釜山浦ニ對馬ノ陣屋有テ平生

士卒数百人ヲ對州ヨリ遣シ置ク。此等ノヿ即チ「日本江手ヲ下《サゲ》シ所ナルベシ○其国常行ノ錢ヲ常平通宝ト云小錢ナ二當其国全〃清ノ正朔ヲ奉レドモ本邦ト通信スル書ニハ憚テ清ノ年号ヲ不」用只支干ヲ記シテ某ノ月ト「書スルヿ是亦日本ヘ手ヲ下《サゲ》シ所ナルベシ其国ノ人物ハ都テ日本唐山等ノ人ヨリ壮大

ニシテ筋骨モツヨシ食量モ大概日本ノ二人
ノ食ヲ朝鮮ノ一人ニ充ベシ然レドモ其心機アリヘデ
遅鈍ニシテ不働ん此故ニ太閤ノ征伐ニヨク
負タリ
此国ノ人物ハ代々本朝江来聘シテ諸人ノ
見ル所ナレバ其人物ノ図ハ不挙○朝鮮王
ヨリ奉幣ノ物ハ人参虎皮貂皮青黍皮魚

皮繻子。白綿紬。鷹子。駿馬等ナリ。其報物ハ貼金ノ屛風。描金ノ鞍。擦金ノ料紙箱。同硯箱。染羽二重。乱茶宇ノ類ナリ。正使。副使。従事ノ三使ヘハ各白銀五百枚。綿三百把。上々官江白銀二百枚ヅヽ。中下官ノ者ドモヘ銀千枚ヲ賜フナリ。是献酬ノ大畧也

鴻荒ノ世ニ其国ヲ開ク者ヲ檀君ト云。也ヲ續

亅千余年。其後唐山ヨリ入テコレヲ治ルハ箕子ヲ始トス。初テ朝鮮ノ号アリ。箕子ニ代テ其地ニ王タル者ヲ衛満ト云。其後孫或ハ唐山ニ入或ハ不入。終ニ内乱シテ其国分レテ三トナル。所謂三韓也。其後新羅二韓ヲ滅シテ一統ス。又其後高麗ノ王氏新羅ヲ滅シテ一統ス。又其後高麗ノ李氏王氏ニ代テ三韓ヲ統有テ再ビ朝鮮

ノ号ニ復シテ今ニ至レリ。都テ上檀君ヨリ下今世ニ至ル迄ノ事及ビ神功皇后征伐以来。其国代々本朝ニ調庸貢献シタルアリサマ。又ハ太閤征伐ノ事ナド悉ク記スベキナレドモ文長ケレバコレヲ畧ス。且其治乱興廃ノ詳ナルヿハ東国通鑑アリ。コレニ由テ知ベシ

右朝鮮畧説

太平記《タイヘイキ》

後《ゴ》醍《ダイ》醐《ゴ》天《テン》皇《ワウ》御《ゴ》治《チ》世《セイ》ノ事

爰《コヽニ》本《ホン》朝《チョウ》人《ニン》皇《ワウ》ノ始《ハジメ》神《ジン》武《ム》天《テン》皇《ワウ》ヨリ九十五代ノ帝《ミカド》後《ゴ》醍《ダイ》醐《ゴ》天皇ノ御《キヨ》宇《ウ》ニ當《アタツ》テ。武《ブ》臣《シン》相《サガ》摸《ミノ》守《カミ》平《タイラ》高《タカ》時《トキ》ト云《イフ》者《モノ》アリ。此ノ時《トキ》上《カミ》乖《ソムキ》君《キミ》之ノ德《トクニ》。下《シモ》失《ウシナフ》臣ノ之禮《レイヲ》從《ヨリ》此《コレ》四海《カイ》大《キニ》亂テ。百千殊安。狼煙翳天ヲ鯢《ゲイ》波《ハ》動地。至今《テニ》四十餘年。一人《ト〆》而不《ズ》得富春秋。萬《バン》民《ミン》無所《ロ》措手足。倩《サテ》尋其ノ濫《ラン》觴《シヤウヲ》者匪《ソラズ》啻《タヾ》禍《ワザハヒ》一朝《テウ》一夕《セキ》之《ノ》

故《ユヱニ》元暦《ゲンリヤク》年中《ネンヂウニ》鎌倉《カマクラノ》右大将《ウダイシヤウ》頼朝《ヨリトモ》卿《キヤウ》追討《ツイタウ》平家《ヘイケヲ》而有《アル》其《ソノ》功《コウ》之時《トキ》後《ゴ》白《シラ》河院《カハノイン》叡感《エイカン》之餘《アマリニ》被《ラレ》補《フセ》六十六箇《カ》國之總追《ソウツイ》補使《フシ》從《ヨリ》是《コレ》武家《ブケ》始《ハジメ》テ諸國《シヨコク》ニ守護《シユゴ》ヲ立《タテ》庄園《シヤウヱンニ》地頭《チトウ》ヲ置《オク》彼《カノ》頼朝長男左《サ》衛門督《ヱモンノカミ》頼《ヨリ》家《イヘ》次男右大臣實朝《サネトモ》公相續テ皆征夷將軍ノ武將備ル。是《コレヲ》號《カウス》。三代將軍然《シカル》ヲ頼家卿ハ爲實《メニサネ》朝《トモノ》討《ウタ》レ。實朝ハ頼家《ヨリイヘ》ノ子《コ》爲《メニ》悪禪師《アクゼンジ》公暁《ゲウガ》討《ウタ》レ

テ。父子《フシ》三代僅《ワヅカニ》四十二年而《テ》盡又。其後《ソノノチ》頼朝《ヨリトモ》卿ノ舅《シユウト》遠江守《カミ》平時政《トキマサ》子息《シソク》前《サキノ》陸奥《ムツ》守義時《ヨシトキ》自然《シゼン》執天下權柄。勢漸欲《ス》覆四海。此時大上《ダジヤウ》天皇ハ後鳥羽院也。武威《イ》振下《シモニ》。朝憲《テウケン》廢《スタレン》上《カミニ》事ヲ歎思召テ。義時《ヨシ》ヲ亡《ホロボ》サントシ給シニ承久《ゼウキウ》ノ亂《ラン》出來《イデキ》テ。天下暫モ静《シヅカ》ナラズ遂《ツイニ》旌旗日ヲ掠《カスメ》テ宇《ウ》治《ヂ》勢《セ》多《タ》ニメ相戰《イヒタヽカフ》。其戰末終一日。官軍忽ニ敗北セシカバ。後《ゴ》

鳥羽院《トバノイン》ハ隠岐國《ヲキノクニ》ヘ遷《ウツ》サレ給テ義時《ヨシトキ》彌《イヨ》八荒《ハツクワウ》ヲ掌握ル其《ソレ》ヨリ後《ノチ》武藏守《ムサシノカミ》泰時《ヤストキ》修理亮《シユリノスケ》時氏《トキウジ》武藏守《ムサシノカミ》經時《ツネトキ》相摸守時賴《トキヨリ》左《サ》馬權頭時宗《トキムネ》相摸守貞時相續《ツイ》テ七代政武家《ブケ》ヨリ出《イデ》テ德窮民ヲ撫スルニ足威萬人ノ上ニ被《カウム》ルトイヘ共位《クライ》四品《ホシ》ノ際《アイダ》ヲ不越《ズ》謙《ケン》ニ居《イ》テ仁恩《ジンヲン》ヲ施《ホドコ》シ巳《ヲノレ》ヲ責《セメテ》礼義《レイギ》ヲ正《タダ》ス是《コヽ》ヲ以テ高《タカ》シト云トモ危《アヤウ》カラズ盈《ミチリ》ト云トモ

濫《ラン》レズ。承《セウ》久ヨリ以《イ》來《ライ》。儲王攝《セツ》家《ケ》間理《リ》世《セイ》安《アン》民《ミン》ノ器《キ》二相《アヒ》當《アタ》リ給ヘル。貴《キ》族《ゾク》ヲ一人。鎌《カマ》倉《クラ》ヘ申下奉テ。征夷《イ》将軍ト仰デ。武臣皆拜趨《スウ》礼ヲ事トス。同三年二。始《ハジメ》テ洛《ラク》中《チウ》ニ兩人《リヤウ》ノ一族《ゾク》ヲ居テ。兩六波《ハ》羅《ラ》ト號西《サイ》國《コク》沙《サ》汰《タ》ヲトリ行《オコナハ》セ。京《キヤウ》都《ト》ノ警《ケイ》衛《エイ》ニ備ラル。又永《エイ》仁《ニン》元年ヨリ。鎮《チン》西《ゼイ》ニ一人ヲ探《タン》題《ダイ》ニ下。九州成敗《セイバイ》ヲ司シメ。異《イ》賊《ゾク》襲《シウ》來《ライ》守《マモリ》ヲ堅《カタク》スヘサレハ一天下普

彼《カノ》下《ゲ》知《ヂ》ニ不《バ》隨《シタガハ》ト云處モナク四海ノ外《ホカ》モ均《ヒトシク》其ノ權《ケン》勢ニ服《フク》セズト云者ハ無ケリ朝陽不《ザル》犯《ヲカサ》トモ殘《ザン》星《セイ》ノ光ヲ奪ル、習《ナラヒ》ナレバ必シモ武家ヨリ公《ク》家ヲ蔑シ奉ルトシモハ無《ナケ》レトモ所《トコロ》ニハ地頭強《ツヨク》メ領《リヤウ》家《ケ》ハ弱《ヨハク》國《クニ》ニハ守護重メ。國《コク》司《シ》ハ輕《カロ》シ。此《コノ》故《ユヘニ》朝《テウ》廷《テイ》ハ年々《トシ〲》衰《ヲトロ》ヘ武家日々《ヒゞニ》盛《サカン》也。因《ヨッテ》茲《コレニ》代《ダイ》々聖《セイ》主《シユ》。遠ハ承久ノ寢《シン》襟《キン》ヲ休《ヤスメ》シカ爲《タメ》近《チカク》ハ朝議陵廢ヲ歎《ナゲキ》思《ヲボ》食《シメシ》テ東夷ヲ亡《ホロボ》サバ

ヤト。常ニ叡慮ヲ回《メグラ》サレンカドモ。或《アルヒ》ハ勢微ニメ不《ズ》叶《カナハ》。或《ヒ》ハ時未到《タイタラ》ソ默《モダ》止《シ》給ケル處《トコロ》ニ。時《トキ》政《マサ》九代後《コウ》亂前《キ》相摸守平《ラノ》高《タカ》時《トキ》入道崇鑒ガ代《ヨ》ニ至テ。天地命《メイ》ヲ革《アラタ》ムベキ危《キ》機《キ》。此《コヽ》ニ顯《アラハ》レタリ。債《ツラく》古《イニシヘ》ヲ引《ヒイ》テ今《イマ》ヲ視ニ。行跡甚輕メ。人《ノ》嘲《アサケリ》ヲ不《ズ》顧。政道不《ズ》正《タヾシカラ》メ民《タミ》ノ弊《ツイヘ》ヲ不思。只《タヾ》日夜《ヤ》ニ逸《イツ》遊《ユフ》ヲ事トメ。前烈ヲ地下《カ》ニ羞《ハツカ》シメ。朝暮《ボ》ニ奇《キ》物《モツ》ヲ翫《モテアソビ》テ傾《ケイ》

變《ヘン》ヲ生前《シヤウゼン》ニ致《イタサ》ントス衛《エイ》懿《イ》公《コウ》ガ鶴ヲ乗《ノセ》シ樂《タノシミ》早
盡《ツキ》秦《シン》李《リ》斯《シ》ガ犬《イヌ》ヲ牽《ヒキ》シ恨《ウラミ》今ニ來《キタリ》ナントス見《ミル》
人眉《マユ》ヲ顰《ヒソメ》聽《キク》人唇《クチビル》ヲ翻《ヒルガヘス》此ノ時ノ帝《ミカド》後《ゴ》醍《ダイ》醐《ゴ》天
皇ト申セシハ後《ゴ》宇《ウ》多《ダ》院ノ第二ノ皇《ワウ》子。談《タツ》天《チン》門《モン》
院《イン》御《ゴ》腹《ハラ》ニテ御《ヲ》座《ハ》セシヲ相模ノ守《ガ》計《ハカラ》トシ。御年三
十一ノ時。御位《クラヰ》ニ即《ツケ》奉ル。御《ゴ》在《サイ》位《イ》之間《アヒダ》。内《ウチ》ニハ三
綱《カウ》五常《ジヤウ》ノ儀《ギ》ヲ正《タダシ》メ。周《シウ》公《コウ》孔《コウ》子ノ道《ミチ》ニ順《シタガヒ》外《ホカ》ニハ

萬《バン》機百司《シノ》政《マツリゴト》不《ズ》怠《ヲコタリタマハ》給。延《エン》喜《キ》天暦《リヤクノ》跡《アト》ヲ追《ヲハ》レシカバ。四海風《フウ》ヲ望テ悦萬《バン》民《ミン》徳《トク》ニ歸樂凡《ヲヨソ》諸《シヨ》道《ダウ》廢《スタ》タルヲ興《ヲコ》シ一事《ジノ》善《セン》ヲモ被《レ》賞《シヤウセ》シカバ寺社《ジヤ》禪《セン》律《リツ》繁《ハン》昌《ジヤウ》爰《コヽニ》時ヲ得《エ》顕密《ミツ》儒《ジユ》道《タウ》ノ碩《セキ》才《サイ》モ。皆望《ノゾミ》ヲ達セリ。

誠《マコト》ニ天ニ受《ウケ》タル聖《セイ》主《シユ》地ニ奉《ホウ》ゼル明《メイ》君《クン》也ト其徳ヲ稱《セウ》ジ其化《クワ》ニ誇《ホコ》ラヌ者《モノ》ハ無リケリ

花彙

垂絲《スイシ》海棠《カイダウ》　イクザクラ

樹高大枝《エ》條《ダ》長軟ニシテ垂ルヽヿ緑《ヌナ》卿《キ》ノ如シ春時花ヲ開ク長蔕五、出單葉淺《ウス》紅《イ》色《ロ》愛觀スルニ堪《タヘ》タリ花謝シテ後葉ヲ生ズ實ヲ結

ブ丁小圓紅色形チ鼓槌《タイコグチ》ニ類ス共
掃帚《ヒガンザクラ》海棠ニ同ジ凡ソ櫻ノ名色甚
ダ多シ實ニ本邦春樹ノ榮觀之
ニ過タルハナシ固ヨリ海棠ノ品類
ニ屬セズトイヘドモ今暫ク其名ヲ
借テコレヲ解ス

檉《テイ》

ニレモ三

大和下野地方山中ニ多シ京師天台山ニ一株アリ高聳《タカクソビヘ》直身葉鳳《モミ》尾松ニ似テ短小背《ウラ》白シ夏紅花ヲ着ク鉄《ウツ》色《ボグ》草《サ》穂状ノ如シ淺チ毬ヲ結ブ形チ落《フジ》葉《マツノ》松《カ》毬《サ》ニ類シテ稍長シ諸家説トコロノ檉ハコレニ同ジカラズ既ニ別ニ圖スソノ河柳《カハヤナギ》トイ

ヘルハ乃チ説ノ誤リナリ

天《テン》門《モン》冬《ドウ》

四明山谷間アリ今花肆家園及人家処《ル》々多ク栽《ウ》ヱ按ルニヱ蘇頌圖經本艸ニ云春藤蔓ヲ生ス大サ釵股《カンザシノマタ》ノ如ク高サ丈余ニ至ル其葉絲《イト》杉《スギ》ノ如クニシテ細散夏細

白花ヲ生ス秋黒子ヲ結フ其根枝或旁《カタハラ》ニアリ伏ニ入テ後花ナシ暗《アン》ニ子ヲ結《ムス》フ其根白或ハ黄紫色大サ手脂ノ如シ四實ニシテ長サ二三寸大ナル者ヲ勝レリトス一科《カブ》一二十枚圓《マロク》撮《ツカ子ル》頗《ス》ル百部根ト相類ス

煙《エン》艸《サウ》　タバコ

本ト蠻《ハン》國《コク》ヨリ出ツ慶長ノ頃《コロ》始メテ崎陽ニ栽エ今満天下ニ栽《ウヱ》播《ホトコ》ス其苗莖高サ三四尺葉ハ錦文大黄ニ似テ稍《ヤヤ》長シテ光沢《ツヤ》アリヌ木香ニ似テ莖ニ白毛アリ六七月ニ花ヲツク地黄

及ヒ芝《ゴ》麻《マ》ノ花ニ似タリ色淡紅或ハ白色秋ニ至テ殼ヲ結フ泡桐《キリ》子《ミ》ノ如クニシテ内ニ細子アリ七八月ニ採《ト》リ乾《ホ》シ四方ニ貨《クハ》賣《バイ》ス

大學《ダイガク》

子《シ》程子《テイシノ》曰《イハク》。大學《ダイガクハ》。孔氏《コウシ》之《ノ》遺書《イシヨニ》而《シテ》初學《シヨガク》入德《イルトクニ》

朱熹《シユキ》章句《シセウリ》

之門《モン》也《ナリ》。於《オイテ》今《イマニ》可《ベキ》見《ミツ》古《コ》人《ジンノ》為《スル》學《ガクヲ》次《シ》第《ダイヲ》者《モノ》。獨《ヒトリ》賴《ヨレリ》

此《コノ》篇《ヘンノ》之存《ソンセザルニ》。而《シカフヌ》論《ロン》孟《モウ》次《ツグ》之《コレニ》學《ガク》者《シヤ》必《カナラズ》由《ヨツテ》是《コレニ》而學《マナビハ》焉。

則《スナハチ》庶《チカン》乎其《ソノ》不《ザルニ》差《タガハ》矣

大學《ダイガクノ》之道《ミチハ》。在《アリ》明明德《アキラカニスルニメイトクヲ》。在《アリ》親民《アラタニスルニタミヲ》。在《アリ》止《トドマルニ》於至善《シセンニ》。知止《シツテトドマルヲ》

而后《シカシテノチニ》有《アリ》定《サダマルヿ》。定《サダマツテ》而后《〆ノチニ》能《ヨク》靜《シヅカナリ》。靜《シヅカニ》而后《〆ノチニ》能《ヨク》安《ヤスシ》。安《ヤスク》而后《〆ノチニ》
能《ヨク》慮《オモンバカル》。慮《オモンバカツテ》而后《ノチニ》能《ヨク》得《ウ》。物《コト》有《アリ》本《ホン》末《バツ》。事《ワザニ》有《アリ》終《シウ》始《シ》。知所先《シルサルトコロヲセン》
後《コウスル》。則《スナハチ》近《チカシ》道《ミチニ》矣。古《イニシヘ》之《ノ》欲《ホツスル》明《アキラカニセント》明德《メイトクヲ》於天《テン》下《カニ》者《モノハ》先《マヅ》治《ヲサム》其《ソノ》
國《クニヲ》。欲《ホツスル》治《ヲサメント》其《ソノ》國《クニヲ》者《モノハ》。先《マヅ》齊《トヽノフ》其《ソノ》家《イヘヲ》。欲《ホツスル》齊《トヽノヘント》其《ソノ》家《イヘヲ》者《モノハ》先《マヅ》
脩《ヲサム》其《ソノ》身《ミヲ》。欲《ホツスル》脩《ヲサメント》其《ソノ》身《ミヲ》者《モノハ》先《マヅ》正《タヾシウス》其《ソノ》心《コヽロヲ》。欲《ホツスル》正《タヾシウセント》其《ソノ》心《コヽロヲ》者《モノハ》。
先《マヅ》誠《マコトニス》其《ソノ》意《コヽロバセヲ》。欲《ホツスル》誠《マコトニセント》其《ソノ》意《コヽロバセヲ》者《モノハ》。先《マヅ》致《イタス》其《ソノ》知《チヲ》。致《イタスコトハ》知《チヲ》在《アリ》格《イタスニ》
物《コトヲ》。物《コト》格《イタツテ》而后《〆ノチニ》知《チ》至《イタル》。知至《チイタツテ》而后《〆ノチニ》意《コヽロバセ》誠《マコトアリ》。意《コヽロバセ》誠《マコトアツテ》而后《〆ノチニ》心《コヽロ》

正《タヾシ》。心《コヽロ》正《タヾシクシテ》而《メ》后《ノチニ》身《ミ》脩《ヲサマル》。身《ミ》脩《ヲサマツテ》而《メ》后《ノチニ》家《イヘ》齊《トヽノフ》。家《イヘ》齊《トヽノフテ》而《メ》后《ノチニ》國《クニ》治《ヲサマル》。國《クニ》治《ヲサマツテ》而《メ》后《ノチニ》天《テン》下《カ》平《タイラカナリ》。自《ヨリ》天《テン》子《シ》以《モツテ》至《イタルマデ》於《ニ》庶《シヨ》人《ジンニ》。壹《ヒトツニ》是《コレ》皆《ミナ》以《モツテ》脩《ヲサムル》身《ミヲ》爲《ス》本《モト》。其《ソノ》本《モト》亂《ミダレテ》而末《スヘ》治《ヲサマル》者《コトハ》否《アラジ》矣。其《ソノ》所《トコロノ》厚《アツフスル》者《モノ》薄《ウスフメ》。而其《ソノ》所《トコロノ》薄《ウスフ》者《スルモノハ》厚《アツキハ》未《イマダ》之《コレ》有《アラ》也

右《ミギ》經《ケイノ》一《イツ》章《シヤウハ》。蓋《ケダシ》孔《コウ》子《シノ》之言《コトニ》而《シテ》曾《ソウ》子《シ》述《ノブ》之《コレヲ》其《ソノ》傳《デンノ》十《ジフ》章《シヤウハ》。則《スナハチ》曾《ソウ》子《シノ》之意《コヽロニ》而《シテ》門《モン》人《ジン》記《シルセリ》之《コレヲ》也

千《セン》字《ジ》文《モブン》

天《テン》地《チ》ノ玄《ゲン》黄《クワウ》ト宇《ウ》宙《チウ》ノ洪《コウ》荒《クワウ》ト 8

日《ジツ》月《ゲツ》ノ盈《エイ》昃《シヨク》ト辰《シン》宿《シウ》ノ列《レツ》張《チヤウ》ト 16

寒《カン》來《ライ》ト暑《シヨ》往《ワウ》ト秋《シウ》收《シウ》ト冬《トウ》藏《サウ》ト 24

閏《ジユン》餘《ヨ》ノ成《セイ》歲《セイ》ト律《リツ》呂《リヨ》ノ調《チウ》陽《ヤウ》ノ 32

雲《ウン》騰《トウ》ト致《チ》雨《ウ》ト露《ロ》結《ケツ》ト爲《イ》霜《サウ》ノ 40

金《キン》生《セイ》ノ麗《レイ》水《スイ》ノ玉《ギヨク》出《シユツ》ノ崑《コン》岡《カウ》ノ 48

劔《ケン》踊《ガウノ》巨《キヨ》闕《ケツト》珠《シユ》稱《シヨウノ》夜《セ》光《クワウト》

菓《クワ》珎《チンノ》李《リ》柰《ダイノ》菜《サイ》重《チヤウノ》芥《カイ》薑《キヤウト》

海《カイ》鹹《カント》河《カ》淡《ダント》鱗《リン》潜《セント》羽《ウ》翔《シヤウト》

龍《リヤウ》師《シノ》火《クワ》帝《テイノ》鳥《テウ》官《クワント》人《ジン》皇《クワウノ》

始《シ》制《セイト》文《ブン》字《ジノ》乃《ダイ》服《フクト》衣《イ》裳《シヤウノ》

推《スイ》位《ヰト》讓《ジヤウ》國《コクト》有《イウ》虞《グノ》陶《トウ》唐《タウノ》

弔《テウ》民《ミント》伐《バツ》罪《サイト》周《シウ》發《ハツノ》殷《イン》湯《タウ》

56 64 72 80 88 96 104

坐《ガ》朝《テウト》問《ブン》道《タウト》垂《スイ》拱《キヤウト》平《ヘイ》章《シヤウト》

112

愛《アイ》育《イクト》黎《レイ》首《シユノ》臣《シン》伏《フクト》戎《ジウ》羌《キヤウ》

120

遐《カ》邇《ジト》壹《イツ》體《テイ》率《スイ》賓《ヒント》歸《キ》王《ワウト》

128

鳴《メイ》鳳《ホウノ》在《ザイ》樹《ジユト》白《ハク》駒《クノ》食《シヨク》場《チヤウト》

136

化《クワノ》被《ヒノ》草《サウ》木《ボモクノ》賴《ライ》及《ギウノ》萬《バン》方《ホウノ》

144

蓋《カイ》此《シト》身《シン》髮《ハツノ》四《シ》大《ダイノ》五《ゴ》常《ジヤウノ》

152

恭《ケウ》惟《ユイト》鞠《キク》養《ヤウト》豈《キ》敢《カント》毀《キ》傷《シヤウト》 160

女《ヂヨ》慕《ボト》貞《テイ》烈《レツト》男《ダン》效《コウノ》才《サイ》良《リヤウノ》 168

知《チ》過《クワト》必《ヒツ》改《カイト》得《トク》能《ノウト》莫《バク》忘《ボモウト》 176

罔《モウ》談《ダント》彼《ヒ》短《タント》靡《ヒ》恃《ジ》己《コ》長《チヤウト》 184

信《シン》使《シノ》可《カ》覆《フクト》器《キ》欲《ヨクノ》難《ナダン》量《リヤウト》 192

墨《ボク》悲《ヒト》絲《シ》染《ゼント》詩《シ》讚《サント》羔《カウ》羊《ヤウノ》 200

208 景《ケイ》行《カウト》維《イ》賢《ケント》剋《コク》念《ネント》作《サク》聖《セイト》

216 德《トク》建《ケント》名《メイ》立《リフツト》形《ケイ》端《タント》表《ヘウ》正《セイト》

224 空《クウ》谷《コクノ》傳《テン》聲《セイト》虛《キヨ》堂《ダウノ》習《シウ》聽《テイト》

232 禍《クワ》因《インノ》惡《アク》積《シヤク セキノ》福《フク》緣《エンノ》善《ゼン》慶《ケイノ》

240 尺《シヤク セキ》璧《ヘキノ》非《ヒ》寶《ホウト》寸《スン》陰《インノ》是《ゼ シ》競《キヤウ ケイト》

248 資《シ》父《フト》事《ジ》君《クント》曰《ワツ》嚴《ゲント》與《ヨ》敬《ケイト》

孝《カウ》當《タウノ》竭《ケツ》力《リヨクト》忠《チウ》則《ソクノ》盡《ジン》命《メイト》

臨《リン》深《シンド》履《リ》薄《ハクト》夙《シク》興《コウ ケウト》溫《ウン》凊《セイト》

似《ジ》蘭《ランノ》斯《シ》馨《ケイト》如《ジヨ》松《セウノ》之《シ》盛《セイト ジヤウ》

川《セン》流《リウ》不《フ》息《ソクト》淵《エン》澄《チヤウト》取《シユ》映《エイト》

容《ヨウ》止《シノ》若《ジヤク》思《シト》言《コン》辭《ジノ》安《アン》定《テイト》

篤《トク》初《シヨト》誠《セイ》美《ビト》愼《シン》終《シウト》宜《キ》令《レイト》

榮《エイ》業《ギヤウノ》所《シヨ》基《ギト》籍《セキ》甚《ジント》無《ブム》竟《ケイト》

學《カク》優《ユウト》登《トウ》仕《シト》攝《セツ》職《シヨクト》從政《セイト》

存《ソン》以《イト》甘《カン》棠《タウ》去《キヨ》而《ジト》益《エキ》詠《エイ》

樂《カク》殊《シユノ》貴《キ》賤《セント》禮《レイ》別《ベツノ》尊《ソン》卑《ヒト》

上《シヤウ》和《クワト》下《カ》睦《ボクト》夫《フ》唱《シヤウト》婦《フ》隨《ツスヰト》

外《クワイ》受《ジユト》傅《フ》訓《クキン》入《ジフ》奉《ホウト》母《ボ》儀《ギノ》 344

諸《シヨ》姑《コノ》伯《ハク》叔《シユクノ》猶《イウ》子《シノ》比《ヒ》兒《ジト》 352

孔《カウ》懐《クワイト》兄《ケイノ》弟《テイ》同《ドウ》氣《キト》連《レン》枝《シト》 360

交《カウ》友《ユウト》投《トウ》分《ブント》切《セツ》磨《マト》箴《シン》規《キト》 368

仁《ジン》慈《ジト》隠《イン》惻《ソクト》造《ザウ》次《ジト》弗《フツ》離《リト》 376

節《セツ》義《ギノ》廉《レイ》退《タイト》顛《テン》沛《ハイト》匪《ヒ》虧《キト》 384

性《セイ》静《セイ ジヤウト》情《セイ ジヤウ》逸《イツト》心《シン》動《ドウト》神《シン》疲《ヒト》 392

守《シユ》眞《シント》志《シ》滿《マント》逐《チク》物《ブツト》意《井》移《イト》 400

堅《ケン》持《ジト》雅《ガ》操《サウノ》好《カウ》爵《ジヤクノ》自《ジ》靡《ビト》

都《ト》邑《ユウノ》華《クワ》夏《カト》東《トウ》西《セイノ》二《ジニ》京《ケイト》

背《ハイ》卯《ボウト》面《メン》洛《ラクト》浮《フ》渭《井》據《キヨ》涇《ケイノ》 424

宮《キウ》殿《デンノ》盤《バン》鬱《ウツト》樓《ラウ》觀《クワンノ》飛《ヒ》驚《キヤウト》 432

圖《ト》寫《シヤト》禽《キン》獸《ジウノ》畫《グワ》綵《サイト》仙《セン》靈《レイノ》 440

丙《ヘイ》舍《シヤノ》傍《ホウ》啓《ケイト》甲《カウ》帳《チヤウノ》對《タイ》楹《エイト》 448

肆《シ》筵《エント》設《セツ》席《セキト》鼓《ク》瑟《シツト》吹《スイ》笙《シヤウト》 456

陞《セウ》階《カイト》納《ダウ》陛《ヘイト》弁《ベン》轉《テント》疑《ギ》星《セイト》 464

右《ユウ》通《ツトウノ》廣《クワウ》内《ダイノ》左《サ》達《ダツノ》承《セウ》明《メイノ》 472

既《キ》集《シウト》墳《フン》典《テンノ》亦《エキ》聚《シウト》群《グン》英《エイノ》 480

杜《ト》藁《カウノ》鍾《シヨウ》隷《レイノ》漆《シツ》書《シヨノ》壁《ヘキ》經《ケイト》 488

府《フ》羅《ラノ》將《シヤウ》相《シヤウ サウノ》路《ロ》俠《キヤウノ》槐《クワイ》鄕《クイノ》 496

戸《コ》封《ホウノ》八《ハツ》縣《ケンノ》家《カ》給《キウノ》千《セン》兵《ヘイノ》 504

高《カウ》冠《クワント》陪《バイ》輦《レント》驅《ク》轂《コクト》振《シン》纓《エイト》 512

世《セイ》祿《ロク》侈《シ》富《フウト》車《シヤ》駕《カノ》肥《ヒ》輕《ケイト》 520

策《サク》功《コウノ》茂《モボ》實《ジツ》勒《ロク》碑《ヒト》刻《コク》銘《メイト》 528

磻《バン》溪《ケイノ》伊《イ》尹《イント云》佐《サ》時《ジト》阿《ア》衡《カウト云》 536

奄《エン》宅《タクト》曲《キヨク》皁《アト云》徵《ビ》旦《タント》孰《シウ》營《ヱイト》

桓《クワン》公《コウト云》匡《キウ》合《カウ》濟《セイ》弱《ジヤクト》扶《フ》傾《ケイト》

綺《キ》回《クワイト》漢《カン》惠《ケイノ》說《セツ》感《カント》武《ブ》丁《テイ》

俊《シユン》乂《ガイノ》密《ミツ》勿《フツト》多《タ》士《シノ》寔《シヨク》寧《子イト》

晉《シン》楚《ソト》更《カウ》霸《ハト》趙《テウ》魏《ギト》困《キユン》横《クワウ》

假《カ》途《トト》滅《メツ》號《カクト》踐《セン》土《トト》會《クワイ》盟《メイト》

何《カ》遵《シユンノ》約《ヤク》法《ホウノ》韓《カン》敝《ヘイト》煩《ハン》刑《ケイリ》

起《キ》翦《センノ》頗《ハ》牧《ボクト》用《ヨウ》軍《グント》最《サイ》精《セイト》

宣《セン》威《井ト》沙《サ》漠《バクノ》馳《チ》譽《ヨノ》丹《タン》青《セイノ》

九《キウ》州《シウノ》禹《ウ》跡《セキト》百《ヒヤク》郡《グンノ》秦《シンノ》并《ヘイト》

嶽《ガク》宗《ソウノ》恒《コウ》岱《タイノ》禪《ゼン》主《シユノ》云《ウン》亭《テイノ》

鴈《ガン》門《モンノ》紫《シ》塞《サイノ》雞《ケイ》田《デンノ》赤《シヤク セキ》城《シヤウ セイ》

昆《コン》池《チノ》碣《ケツ》石《セキノ》鉅《キヨ》野《ヤノ》洞《トウ》庭《テイノ》
曠《クワウ》遠《ヱント》綿《メン》邈《バクト》巖《ガン》岫《シウノ》杳《ヨウ》冥《メイト》
治《ヂ》本《ホント》於《ヲ》農《ノウトハ》務《ブ》茲《ジト》稼《カ》穡《シヨクス》
俶《シユク》載《サイト》南《ナン》畝《ボノ》我《ガ》藝《ゲイト》黍《シヨ》稷《シヨクノ》
税《ゼイ》熟《ジユクト》貢《コウ》新《シント》勸《クワン》賞《シヤウト》黜《チユツ》陟《チヨクト》
孟《モウ》軻《カト》敦《トン》素《ソト》史《シ》魚《キヨ》秉《ヘイ》直《チヨクト》

庶《シヨ》幾《キト》中《チウ》庸《ヤウノ》勞《テウ》謙《ケント》謹《キン》勅《チヨクト》

聆《レイ》音《イオント》察《サツ》理《リト》鑑《カン》貌《ボウト》辨《ベン》色《シヨクシキト》

貽《イ》厥《ケツト》嘉《カ》猷《ユウノ》勉《ベン》其《キト》祇《ギ》植《シヨクト》

省《セイ》躬《キウト》譏《キ》誡《カイト》寵《テウ》增《サウト》抗《カウ》極《キヨクト》

殆《タイ》辱《チヨク》近《キン》恥《シト》林《リン》皐《カウノ》幸《カウ》即《ソクト》

兩《リセウ》疏《ソト》見《ケン》機《キト》解《カイ》組《ソト》誰《スイ》逼《ヒヨクフクト》

索《サク》居《キヨト》閑《カン》處《シヨト》沈《チン》默《ボクト》寂《セキ》寥《リヤウト》

求《キウ》古《コト》尋《シン》論《リン》散《サン》慮《リヨト》逍《セウ》遙《イヨウト》

欣《キン》奏《ソウト》累《ルイ》遣《ケント》慼《セキ》謝《ジヤト》歡《クワン》招《セウト》

渠《キヨ》荷《カノ》的《テキ》歷《レキト》園《ヱン》莽《バウノ》抽《チウ》條《デウト》

枇《ビ》杷《ハノ》晩《バン》翠《スイト》梧《ゴ》桐《トウノ》早《サウ》彫《テウト》

陳《チン》根《コンノ》委《イ》翳《エイト》落《テク》葉《エフノ》飄《ヒヤウ》颻《エウト》

遊《ユウ》鵾《コンノ》獨《ドク》運《ウント》凌《レウ》摩《マト》絳《カウ》霄《セウノ》
耽《タン》讀《トクト》翫《グワン》市《シト》寓《グウ》目《モク》囊《ノウ》箱《サウノ》
易《イ》輶《ユウト》攸《ユウ》畏《井ト》屬《ショク》耳《ジト》垣《カキ》牆《シヤウノ》
具《グ》膳《ゼント》飡《サン》飯《ハント》適《テキ》口《コウト》充《ジウ》腸《チヤウト》
飽《ハウ》飫《イヨウ》烹《ハウ》宰《サイト》飢《キ》厭《エント》糟《サウ》糠《カウノ》
親《シン》戚《セキノ》故《コ》舊《キウノ》老《ラウ》少《セウノ》異《井》糧《リヤウノ》

妾《セウ》御《ギヨノ》績《セキ》紡《ホウト》待《ジ》巾《キント》帷《イ》房《ホウノ》

紈《グワン》扇《セン》圓《ヱン》潔《ケツト》銀《ギン》燭《シヨクノ》煒《イ》煌《クワウト》

晝《チウ》眠《メント》夕《セキ》寐《ビト》藍《ラン》筍《シユンノ》象《シヤウ》床《ジヤウノ》

絃《ゲン》歌《カト》酒《シユ》讌《エント》接《セウ》杯《ハイト》舉《キヨ》觴《シヤウト》

矯《ケウ》手《シユト》頓《トン》足《ソクト》悦《エツ》豫《ヨト》且《シヨ》康《カウト》

嫡《テキ》後《コウト》嗣《シ》續《ゾクト》祭《サイ》祀《シド》蒸《セウ》嘗《シヤウオ》

稽《ケイ》顙《サウト》再《サイ》拜《ハイト》悚《ショウ》懼《クト》恐《ケウ》惶《クワウト》

牋《セン》牒《テフノ》簡《カン》要《イヨウト》顧《コ》荅《タウト》審《シン》詳《シヤウト》

骸《ガイ》垢《クコウト》想《サウ》浴《ヨクト》執《シウ》熱《ゼツト》願《グワン》涼《リヤウト》

驢《ロ》騾《ラノ》犢《トク》特《トクノ》駭《ガイ》躍《ヨウト》超《テウ》驤《ジヤウト》

誅《チウ》斬《ガント》賊《トウ》盗《ソクノ》捕《ホ》獲《カクト》叛《ハン》亡《ハウト》

布《フ》射《シヤト》遼《リヤウ》丸《グワント》棋《ケイ》琴《キント》阮《グン》嘯《セウト》

恬《テン》筆《ヒツト》倫《リン》紙《シト》鈞《キン》巧《コウト》任《ジン》釣《テウト》

釋《セキ》紛《フント》利《リ》俗《シヨク》並《ヘイ》皆《カイト》佳《ガ》妙《メウト》

毛《モウ》施《シ》淑《シユク》姿《シト》工《コウ》嚬《ヒント》妍《ケン》笑《セウト》

年《ネン》矢《シノ》毎《バイ》催《サイト》羲《ギ》暉《キノ》朗《ラウ》曜《ヨウト》

璇《セン》璣《キノ》懸《ケン》斡《アツト》晦《クワイ》魄《ハク》環《クワン》照《セウト》

指《シン》薪《シン》脩《シウ》祜《コウド》永《エイ》綏《スイト》吉《キツ》邵《セウト》

短《ク》歩《ボト》引《イン》領《リヤウト》俯《フ》仰《ゲウト》廊《ラウ》廟《ビヤウ》

束《ソク》帯《タイト》矜《ダイ》荘《サウト》徘《ハイ》徊《クワイト》瞻《セン》眺《テウト》

孤《コ》陋《ロウト》寡《クワ》聞《ブント》愚《グ》蒙《モウト》等《トウ》誚《セウト》

謂《イ》語《ゴト》助《ジヨ》者《シヤカ》焉《エン》哉《サイ》乎《コ》也《ヤ》

千字文

天《あめ》地《つち》玄《くろく》黄《きなり》宇《おほぞら》宙洪荒《ひろし》

日《ひ》月《つき》盈《みち》昃《かけ》辰《ほしの》宿《やどりた》列《つらなり》張《はる》

寒《さむさ》来《きたれば》暑《あつき》往《いんぬ》秋《あき》収《をさむ》冬《ふゆ》蔵《かくす》

閏余《うるふづきのあまり》成レ《なす》歳《としを》律呂調レ《ととのふ》陽《ひを》

雲《くもの》騰《あがつて》致レ《いたし》雨《あめを》露《つゆ》結《むすんで》為レ《なる》霜《しもと》

金《こがね》生二《なる》麗水一《より》玉《たま》出二《いづ》崑《やま》岡一《より》

剣《つるぎ》号二《なづけ》巨《きよ》闕一《けつと》珠《たま》称二《なづく》夜《や》光一

56　48　40　32　24　16　8

菓珍李柰菜重芥薑 64

海鹹河淡鱗潛羽翔 72

龍師火帝鳥官人皇 80

始制文字乃服衣裳 88

推位讓國有虞陶唐 96

弔民伐罪周發殷湯 104

坐朝問道垂拱平章 112

愛育黎首臣伏戎羌 120

遐邇壹體率賓歸王 128

鳴鳳在樹白駒食場 136

化被草木賴及萬方 144

蓋此身髮四大五常恭惟鞠養 152

豈敢毀傷女慕貞絜 164

男效才良知過必改 172

得《えて》能《よきことを》莫《なかれ》忘《わするゝこと》罔《なかれ》談《かたるを》彼《かれが》短《あしきを》

靡《なかれ》恃《たのむを》己《おのれが》長《まさることを》信《まことは》使《しむ》可《べし》覆《くつがへす》

器《うつはものは》欲《ほつす》難《がたきを》量《はかり》墨《ぼくと云人は》悲《かなしむ》絲《いとの》染《そむを》

詩《しいきやうに》讃《ほむ》羔《かう》羊《ひつじを》景《けいを》行《をこなへが》維《これ》賢《かしこし》

剋《よく》念《おもひ》作《なる》聖《ひじりと》德《とくを》建《たて》名《な》立《たつ》

形《かたち》端《ただしければ》表《おもて》正《ただし》空《むなしき》谷《たにに》傳《つたへ》聲《こゑを》

虛《むなしき》堂《だうに》習《ならふ》聽《きくを》禍《わざはひは》因《よる》惡《あしきを》積《つむに》

228 220 212 204 196 188 180

福《さいはひ》縁《よる》ニ善《よき》慶《よろこび》ニ尺《おほき》璧《たまは》非《あらず》寶《たから》

寸《すこしき》陰《ひかげ》是《これ》競《きそふ》資《より》父《ちち》事《つかへ》君《きみ》

曰《いはく》嚴《おごそか》與《と》敬《つつしみ》孝《かう》當《まさに》竭《つくす》力《ちから》

忠《ちう》則《すなはち》盡《つくす》命《いのち》臨《のぞむ》深《ふかき》履《ふむ》薄《うすき》

夙《つとに》興《おきて》溫《あたたかに》凊《すずしく》似《にたり》蘭《らん》斯《これ》馨《かうばし》

如《ごとし》松《まつ》之《の》盛《さかんなる》川《かは》流《ながれて》不《ず》息《やま》

淵《ふち》澄《すんで》取《とる》映《ひかりを》容《かたち》止《とどまる》若《ごとし》思《おもふ》

284 276 268 260 252 244 236

言辭安定篤初誠美

榮業所基籍甚無竟

學優登仕攝職從政

存以甘棠去而益詠

樂殊貴賤禮別尊卑

夫唱婦隨外受傅訓

入奉母儀猶子比兒

292　304　312　320　328　340　352

236 福《さいはひ》縁《よる》善《よき》慶《よろこびは》尺《あがき》璧《たまは》非《あらず》宝
244 寸《みぢかき》陰《ひかげ》是《これ》競《きそふ》資《より》父《ちちは》事《つかふ》君《きみに》
252 曰厳与敬孝当竭力
260 忠則尽命臨深履薄
268 夙興温凊似蘭斯馨
276 如松之盛川流不息
284 淵澄取映容止若思

言辞安定篤初誠美 292

栄業所基籍甚無竟 304

学優登仕摂職従政 312

存以甘棠去而益詠 320

楽殊貴賤礼別尊卑 328

夫唱婦随外受傅訓 340

入奉母儀諸姑伯叔猶子比児 352

孔懐兄弟同気連枝 360

交友投分切磨箴規 368

仁慈隠惻造次弗離 376

節義廉退顛沛匪虧 384

性静情逸心動神疲 392

守真志満逐物意移 400

堅持雅操好爵自縻 408

都邑《みやこ》華夏《みやこ》東西二《ふたつの》京《みやこあり》 416

背邙《やまを》面洛浮渭據涇 424

宮殿《との》盤《めぐり》鬱樓《たかどの》觀飛驚 432

圖《ゑがき》寫禽《とり》獸《けだものを》畫《ゑがき》彩《いろどる》仙《あやしき》靈《ひとを》 440

丙舍傍啓《ひらき》甲帳對楹 448

肆《のべ》筵《むしろを》設《まうく》席《むしろを》鼓《ひき》瑟《ことを》吹《ふく》笙 456

陞階《きざはしに》納陛弁轉疑星 464

右《みぎりに》通《かよふ》二廣内一 左《ひだりに》達《いたる》二承明一 472

既《すでに》集《あつむ》二墳典一 亦聚《あつむ》二群英一 480

杜稿鍾隷 漆書壁経 488

府羅二将相一 路侠二槐卿一 496

戸封二八県一 家給二千兵一 504

高冠陪レ輦 駆レ轂振レ纓 512

世禄侈富 車駕肥軽 520

策功《いさをし》を茂《さかんな》り実《すなほ》を勒《おさ》し碑《いしぶみ》に刻《きざむ》銘《いさをし》を

磻《さよ》溪《まれ》伊《ひと》尹《あり》佐《たすくる》時《ときを》阿衡

奄《たちまち》に宅《いへ》をーと云人曲《とこ》阜《ころは》微《あらわせ》旦ーと云人孰《たれか》営《いとなまん》

桓公ーと云人匡《ただし》合《あはせ》済《すくひ》弱《よわきを》扶《たすく》傾《かたぶくを》

綺《き》回《めぐらし》漢恵《めぐみを》説《えつ》感《かん》武ーと云人丁

俊《しゆん》乂《がい》密《みつ》勿《ぶつ》多士寔《まことに》寧《やすし》

晋ーと云国楚ーと云国更《かはるがはる》覇趙ーと云国魏ーと云国困《くるしむ》横《よこしまに》

576 568 560 552 544 536 528

假《かりまうして》進《まゐらす》威歸謹む給覽を

何遊弱法拝契鏡画

起籍嘆牧周事寂精

宣《のべ》餞河漢就參母壽

九林要誇百羽葉并

萩字恆歲禪主之亭

循つ紫靈錫田杰堪

632 601 592 588

昆池碣石　鉅野洞庭　640

曠遠綿邈　巖岫杳冥　648

治本於農　務茲稼穡　656

俶載南畝　我藝黍《きび》稷　664

稅熟貢新　勸賞黜陟　672

孟軻敦素　史魚秉直　680

庶幾中庸　勞謙謹敕　688

696 聆《きいて》音《おとを》察理鑑貌《かたちを》辨色《いろを》

704 貽厥《その》嘉《よき》猷勉其《その》祗植

712 省躬譏誡寵增《まして》抗極

720 殆辱近恥林皋幸即

728 兩疏見機解組誰逼

736 索居閒處沈默寂寥

744 求古尋論散慮逍遙

欣《よろこび》奏累遣《やる》慼《うれへ》謝歡《よろこび》招 752

渠荷的歷園《その》莽《くさ》抽條 760

枇杷晚翠梧桐蚤凋 768

陳根委翳落葉飄颻 776

遊獨運淩摩絳霄 784

耽讀翫市寓目囊箱 792

易輶攸畏屬耳垣牆 800

具《そなへて》レ膳《ぜんのあさ》飡《くらふ》レ飯《はんを》適《かなへば》レ口《くちに》充《みつ》レ腸《ちやうはらを》 808

飽《あくときは》レ飫《いとふ》二烹《に》宰《さいを》一飢《うゑるときは》厭《いとふ》二糟《そう》糠《ぬかをも》一 816

親《おや》戚《さうせき》故《こ》舊《きうも》老《らう》少《せう》異《ことなり》レ糧《かてを》 824

妾《せふ》御《ぎよは》績《つむぎ》紡《つむぐ》侍《じす》二巾《きん》帷《ゐ》房《ばうに》一 832

紈《ぐわん》扇《せん》圓《まどか》潔《いさぎよし》銀《ぎん》燭《しよく》煒《ゐ》煌《くわうたり》 840

晝《ひる》眠《ねぶり》夕《ゆふべに》寐《いぬ》藍《らん》筍《じゆん》象《ざう》床《しやう》 848

弦《いと》歌《うた》酒《さか》讌《もり》接《まじへ》レ杯《はいを》舉《あぐ》レ觴《さかづきを》 856

864 矯《あけて》手《を》頓足《あしを》悦《よろこび》豫且康

872 嫡後嗣續《つぐ》祭祀烝嘗

880 稽《さげ》顙《ひたひを》再《ふたたび》拜《をがむ》悚懼恐惶

888 牋牒簡要顧答審詳

896 骸垢想浴執熱願涼

904 驢騾犢特駭躍超驤

912 誅斬《きる》賊盜捕獲叛《そむき》亡

920 928 936 944 [illegible] 960 968

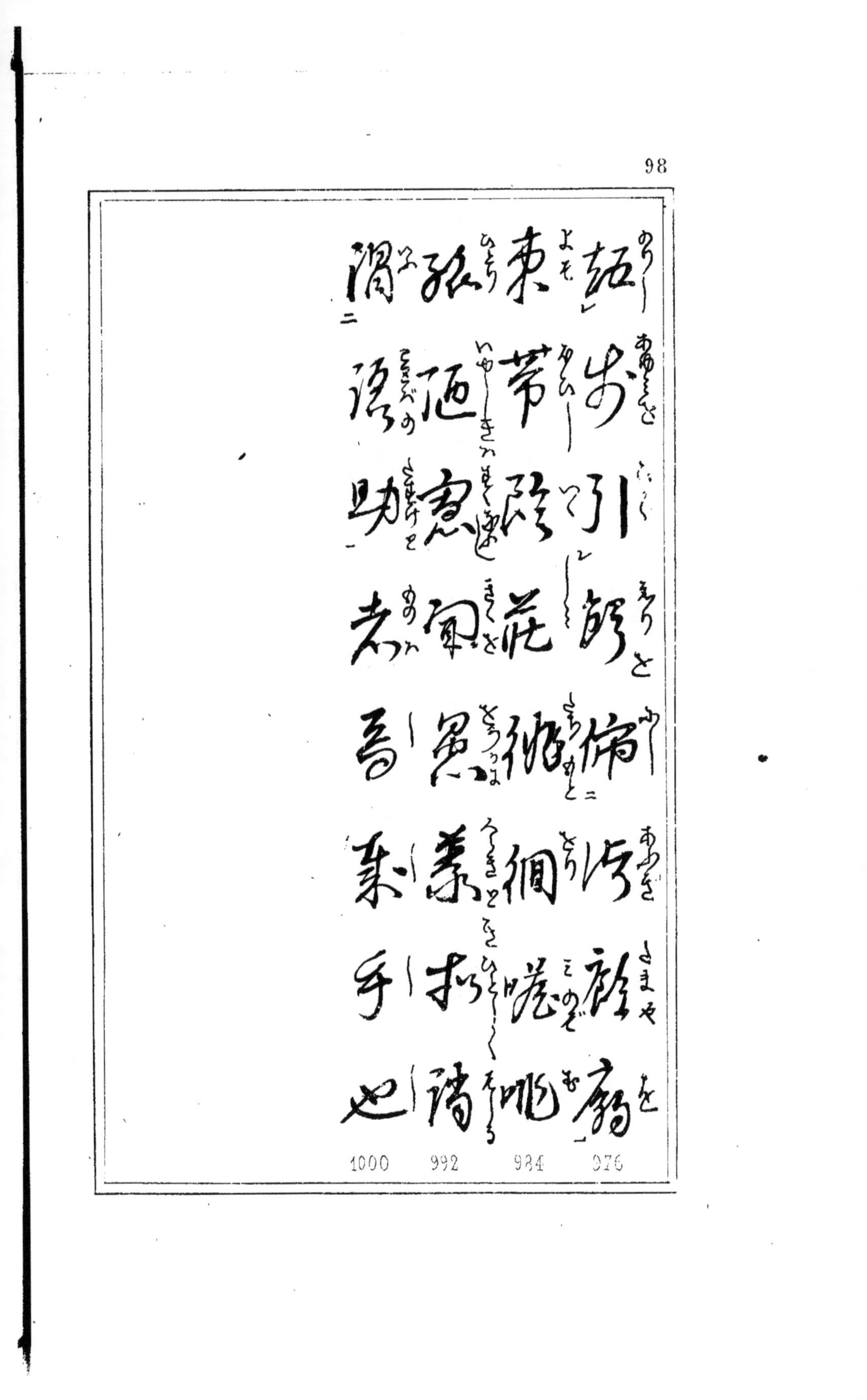

矩《のりし》歩引領俯仰《あふぎ》廊廟 976

束帶矜莊徘徊瞻眺 984

孤《ひとり》陋寡聞愚蒙等誚 992

謂語《ことばの》助《たすけを》者焉哉乎也 1000

○陶器

諸國數品有中ニも肥前國伊萬里焼と云を本朝第一とし氏窯山凡十八ヶ所を上場とし

○大河内山○三河内山○和泉山

○上幸平○本幸平○大樽○中

樽○白川○桿古塲○赤繪町
○中野原○岩屋○長原○南
河原上下二所
○外尾○黒牟田○廣瀬○一の瀬
○應法山
等まて氏内大河内ハ鍋島の御用

山三河内ハ平戸の御用山にして他に貨賣する事を禁ぜ伊萬里ハ商人の幅湊する津にて焼造るの場にハ限ば凡松浦郡有田のうちにして其内中尾三ッ此股稗古場ハ同國の領なれバ又廣瀬あぢとも青

磁物多くして上品迄都合二十四
五所よ八るれとも十八ヶ所八泉山の脇
にありて是土の出る山之
○堊土　泉山に生て國中の名産
本朝他山に比類なし　中華八中國
の五六處にも出せり是土よして土よ

ならば石にして石りならば其性甚堅硬し奉鑿をもて打かき金杵の流水碓み是を舂しむ 杵の幅一尺斗厚さ一尺五六寸長さ一間半斗 最水勢はよしきをうけて碓の數多く連らねよく末粉となりとなる又他の土の粢軟るを二三品

和し合せて家の内の潘池ニ漂し
度く拌通しよく和したるを飯籮
ニ漉し又外の潘池へ移しよく澄
し其上ニ浮きたるものを細抖ごし
中を普通の上品ニ用ひ底ニ下
沈たるハ取捨て不用ぞ其ニ干

の土を素焼窯の脊に塗附内の火力を借りて吸乾し最これによき施を候ひしを擡を薄く重て清みに調和かの團子のごとく粘和くて工人に堪ふあり是まで婦人の所為なり

○造瓷坯器　凡瓷坯を造る
に両種ありつにハ印器と云方圓
數品瓶甕爐合の類　屏風燭臺
の類を及へり是等ハ凡て塑成し
て或ハ両に破り或ハ両に截り又再
び白泥を埏て範に摸し或ハその

まくろ印を押もなり又おろし土に銹水を和して塗合取付などもするなり○一に八圓器といひて凡大小億萬の杯盤八人間日用乃物なりて其數を造る事十に九なり氏圓器を造るに八先陶車を製して其

圓盤上下二ツにして下の物ゟ少し大なり真中より真末一根を竪之埋む事三尺許高さ二尺許上の車の真中ゟ土を置て造る之下の車ハ工人の足にて廻し須臾も廻し止る事なり両手を以てかの上の土

を上へ押捧げ指自ら内に交て車の旋轉ぐ中栂指ハ器の底になりて其形の異法心にまかせもゞく手のうちに指先の妙工見るがうちに其數を造て其様千萬の數も一範の内に出るがごとくにして大小をなせまゝは又椀鉢の類の外の輪臺を付るにハ微し乾して再び車に上

せ小刀を以て輪臺の内外を削り成し碎缺し時に補ひ或ハ鈕手瓶の水口なと別に造り粘土を合せて和付也又是を陰乾とし極白に至らしめ素焼窯へ入るなり○素焼窯ハ圖あるごとく糀室の如き物にて器

物を内に積みかさね火門一方におり
て薪を用ひ度量を候ひ火を消し
其まゝ能くさまべし
○打圏書画再入窯　右素焼のよく
冷たるを取出し一度水に洗ひ毛綿
裂にて巾にて磨ろら茶椀鉢などの内外

上下の圏輪乃筋を画くよハ又車ニハ
上せ筆を其所よりそろ〳〵原まをめぐ
らせり然して書画を施し其上
へ銹漿を二度過てよく乾し本窯
へ納をく焼けバ火を出て後画自
ら顕る取出し又水より洗ひを全備

それまで土を取るよりはじめて終
成まではたゞ一杯の小皿なりといへども其
工力を過ること七十二度にして其微細
節目尚其數云盡すべからず
○素焼の窯ハ家の内にあり本窯ハ
斜牟山岡の上に造りて必平地に

ハなし皆一窯宛一級高くして内の廣
さ凡三十坪是を六ツも連接して
悉く其接目に火気の通せる窓を
開く然れども火ハ窯ごとに焚て内よ
ハ器物をのせる臺なり即土にて制く
一ツ宛のせて寸隙なく一方を細長
く明置それへ薪を入る此火門八寸

に高二尺計余にして焚ヿ丸晝夜
三四日にして一窯に薪凡二萬本を
費やせど尤焚様に手練ありて上人
下人の雇賃を論ぜ
追く投込にたぐ本の
重さるゝかねやうれをる
をよし
とて 又戸口の脇に手鞠程の穴有
是歟時く蓋をとりて度量を候ひ

其成熟を見定め火を消し其まゝよく冷して取出すれば一窯の物凡百俵より及べり

○過銹ハ即おろし土の内にて上澄の上品をゑりそれより敷子木の皮ハを焼きたる灰を調和を最増減加味家々

の法なりて一概ならず
○回青ハ　元漢渡の物にしてその名
未詳是亦よく細末にして水に和し画
く時ハ其色真皂なれども火を出て後
青碧色に変ず
天工開物を見るに是惣じて一味の無

名異なり此無名異といふハ山ニて炭を久しく焼る下ニ異色の塊生ず是を薬末膠と云是も無名異の名なり又石州銀山ニも同名の物なり本草此物にハいはず是ハ土中ニなる紫色の粉を水干したる物ニて血止

こしる乃ミ最も偽物多し本条の無名異ハ地面ニ滲生じて弥土ニ生ぜし堀ニ三尺ニハ及ぶし上中下の品ありて之を辨識し上等物ハ火を出し翠色となり中なるものハ微青なり元舶来れ物を上品とし大なるハ僅ニ一分計

小ハ至く細に砂のごとし尚上ゟ下品多し

○赤繪の物ハ錦様と云て五彩金銀を銹に施ことを是一山の秘術として口外を禁ず故に此に器も是よりハかの硝子銹を用ひといへり○惣て南京焼の古器ハまず其白堊ハ得さる時なるゆゑ土ハ土

器土に似く甚軟なり其上薬に硝子を加ふるゆゑ自ら缺損す是を今虫喰出るなど賞ずれども用に適しては今の物に多かなり但し回青繪の上銹の上より出たる如見ゆるは南京物の如しと云へ共硝子薬の助なり

日本乃青繪藥の下に沉ミゝるが如く見ゆるハ硝子を用ひざる故にして是に適用の為に務めり

○陶器の事ハ舊事記に茅渟縣に大陶祇と云なり茅渟ハ和泉の國に属して今も陶器村なり古ハ物を盛る

又さるべく土器又木の葉を用ゆ今堂上さるべく土器を用ひてある塑なり是上古質朴の遺製を捨にまなね風儀を見るべし

日本紀神代巻又嚴瓮 嚴瓮之置忌瓮など皆 神を祭るの土器之又

和名鍬ニ缶ヲヒテカといひて斗を
受るの酒器なりとそ斗ハ今の一体なり延喜式
ニ瓫瓮と云も皆古質の器なり後
世ニ軍陣の出門のそれ是を設く
をイツヘのヲキモノとい云ゝ又今も
忌部といふ古物ハ古語し是瓱以

て陶器を司どる性ともいへり今の伊
萬里の焼は了邈年月未詳

野山草

又名 山郭公《やまほとゝぎす》 附鳥草

花のかたちはのゑしくこざんに
とくさ八ちる鳥《とり》の羽みだれてなるさくらありては
のほしくこざんとりならびぬし花も咲さん
なり七八月に咲く漢名《かんめい》三白草《さんぱくさう》

からすむぎ 漢名燕麥《エンバク》

葉は雀麦のごとく花もまたおな
すゝいろむら葉薑とまりくろくなりし七月より
花秋葉は八たくみとも花め四月あめくとを往海

くらべしとなり

花めうが　志ゆく草

花白く車《くるま》咲《ざき》ゆりびら

はふめうがぶげのごとく六月よなれ

あり一名やぶめうが　ある名ハ和縮砂《わのしゆくしや》なり

志らいとり花

はふしらんよ似《に》てひろくやはら

くきありそれのくさちらんのごとく色紫《き》らえん

なり葉あし　志らさ花し　あり

浮世形六枚屏風序

此書《このしよ》に無物《なきもの》は。まづ第一《だいいち》に敵役《かたきやく》。異人《いじん》妖術《ようじゆつ》怪談《くわいだん》。狐狼《おほかみ》のたゝりなどなし。家《いへ》の系図《けいづ》や寶物《ほうもつ》紛失《ふんじつ》せざる物もなし。親子《おやこ》兄弟《きやうだい》名のりあひ。印籠《いんろう》かんざし割髪《ほうくわい》。神《かみ》や佛《ほとけ》乃夢《ゆめ》さとし。腹切《はらきり》身替《みがはり》ぬれ刀《かたな》。血《ち》をみる事《こと》がなくしもなし。人《ひと》と屏風《びやうぶ》は直《すぐ》にはたゝぬと。下《げ》世話《せわ》にいへど。ゑにく曲《ゆがみ》はよく立《たち》あへば。浮世《うきよ》新形《しんがた》六《ろく》枚《まい》屏風《びやうぶ》が。ゐまゝに新き繪草紙《ゑざうし》も。意見《いけん》のたゞ書《がき》に倣ふ。一寸《ちよつと》読んで記るしあり。

文政庚辰秋七月稿成
辛巳春正月發販　柳亭種彦

増補訓蒙図彙

○國《く》常《とこ》立尊《だちのみこと》ハ天地既わかれて其中に物ありかたち葦牙のごとし則化して神となるこれを國常立尊といふ人の始なり日本を葦原國といふも此義なるべし是より天神七代地神五代あひつぎて人の代となる唐にては天地開闢して盤古氏はじめて出是人乃始なりそれより三皇五帝三王とつぎて人の代となる

○公《こう》ハ三《さん》公《こう》なり太政大臣左大臣右大臣を三公といふ
内大臣とあはせ公なり唐《とう》名《めう》ハ太師太傅太保といふ
○卿《けい》ハ公卿《くぎやう》なり大納言中納言三位以上を公卿
と云又月卿ともいふ天子に付そひまつる故の名也
○士《し》ハさむらひ也学文《がくもん》して七位《くらゐ》にある者を学士といふ又文
官ともいふなり叙を帯し甲冑を着たる者 武士と云
これを武官と称す四民といふハ士農人工商人なり
すべてハ万民《ばんみん》といふなり

○鬼《き》ハ人死して肉骨ハ土ニ皈し血《ち》ハ水ニ皈し魂
氣ハ天ニ皈るその陰氣《き》せざるを存して後にとゞまる迄
物が仙《せん》人ニ鬼となる

○仙《せん》ハ遷《せん》なり飛《ひ》行《ぎやう》してこの山よりかしこの山へうつる也人
ニ仙人と名づく

○佛《ぶつ》ハ西方乃聖《せい》人《じん》なり如来ともいふ佛ハ人ニ弗《あらず》とよ
む凡人ニあらざるべきなり

○琉球《りうきう》國ハ中山國と名いく日本にあさぐり男ハ羽毛をかぶ

て冠とし珠玉をかざる女は白羅をもつて帽《ぼう》として雜毛《ざつもう》を衣とせり

○安南國《あんなんこく》は交趾《かうち》とも東京《とんきん》ともいふ男子は盜をこのみ女は淫をこのむ女をめとるに媒をみづからあひ合國に肉桂おほし他國にいだせり此國の肉桂を上品とせり

○東夷《とうい》は蝦夷人《えぞじん》なり人物勇猛にして常に山野に在て獸を射とりまた海中の魚類をとりて食とせり惣じて中國より東にある島國を東夷といひ西にある嶋國を西

戎といひ南にある夷を南蠻といひ北にある夷を狄といふ
○崑崙《こんろん》は西南の海中の嶋《しま》國也その人物色くろきこ
と黒漆のごとし海底に入て自由をなすことよく絶
ふのぶることを得るとあつて異國の渡海の船にはあれ
ば此崑崙をあざくりといふ世《よ》に色黒きものを崑崙坊《こんろんばう》
といふなり

日本談話

▲こん日ハ。今晩ハ。おかみさん御きげんよろしう
ござ。おいゝおはなしきゝも御ざりませぬ。私ハ不快で
御ざさります。よく御出なさいました。よく今
せまいました。御まちなされませぬか。御まち
なされませ。この日ハ御暇がありますまいか。いゝへ。
私ハ明日まゐりませう。おまへさまが大用で
さうほう。おかんがへさしあげましやう。有難い。

わたし等には要ませぬ。私などはまだ此位
差図をお受けいたしました。それからまた部
屋に掛りましたら。ずいぶんむずかしきで御座りま
するか。一ヶ年で法さりました。二附で御座ります。
毛はやさしうでありましたか。未だ。まだ
でござりました。急度さようでござりましたか。私
八卌処分三附の内り来ましたが。又紀
此写私をおまちなされませ。私共ハんゐの

ひるざつまりはいりいりしませぬ。私共ハ今晩左がらりまゐりましやう。お附こゝへ遊あざ䋎ませ。さうとさいでなざれませ。私ハそく拵くじまひ。天花ハ好うてござりませカ。ぷまきてんきぐござりやすな。雨がふりやせうはりきてん花でござりますの。けむきてんきぐござりました。私ハ出ろうなりゐ海せぬ。私と一所よをいそであそばされませ。ただ

いまはいけませぬ。いつあなたはまゐりなさりませう。ちやうど二時の間に。然らバ私はまちあはしませう。なるべく時間よりまへに。其ぞで緒にはいそでなさりませう。私のうちに食るものが出きました。一緒にあがりましましやう。私はひまでござりました。私はかゝきますます。あなたあのさまのあなたさまなさりますう。ありがたくぞんでござり

ますか。私に彼をお出し下さりませ。此の位
大いさ紙でござりますか。此方は大いさ紙でござります。
これハ為方はござりませぬか中でござります。此上等なるを
以のくおみさりませんか。私はかりまきませぬ。ちと外べ
かいみなされませんか。何方日本紙タバコがあり
ますか。これを紀たござりまするとはります。当一
番いいのをなさりませ。は方乃父さしへいやり
もちはりあらくござります

○好い事をさせ升ね△私悴が打まし被ござるいかなり。自分のるちを戒めんが為に自分でおきた。酒抔好者の色はれべ好酒な若毛あります。私は父親より愛繋されて以ます⧗私私の娘の為に紅粉抔付ます。

色は香へど散ぬるを
我が世誰ぞ常ならん
有為の奥山けふこえて
浅き夢見じ酔ひもせず

啼ずんバ啼迄待ふ郭公　權現様

啼ずんバ啼せて見よう郭公　秀吉公

啼ずんバ殺して志まへ郭公　信長公

寫眞術は
造物者の畫にして
光輝は其筆なり

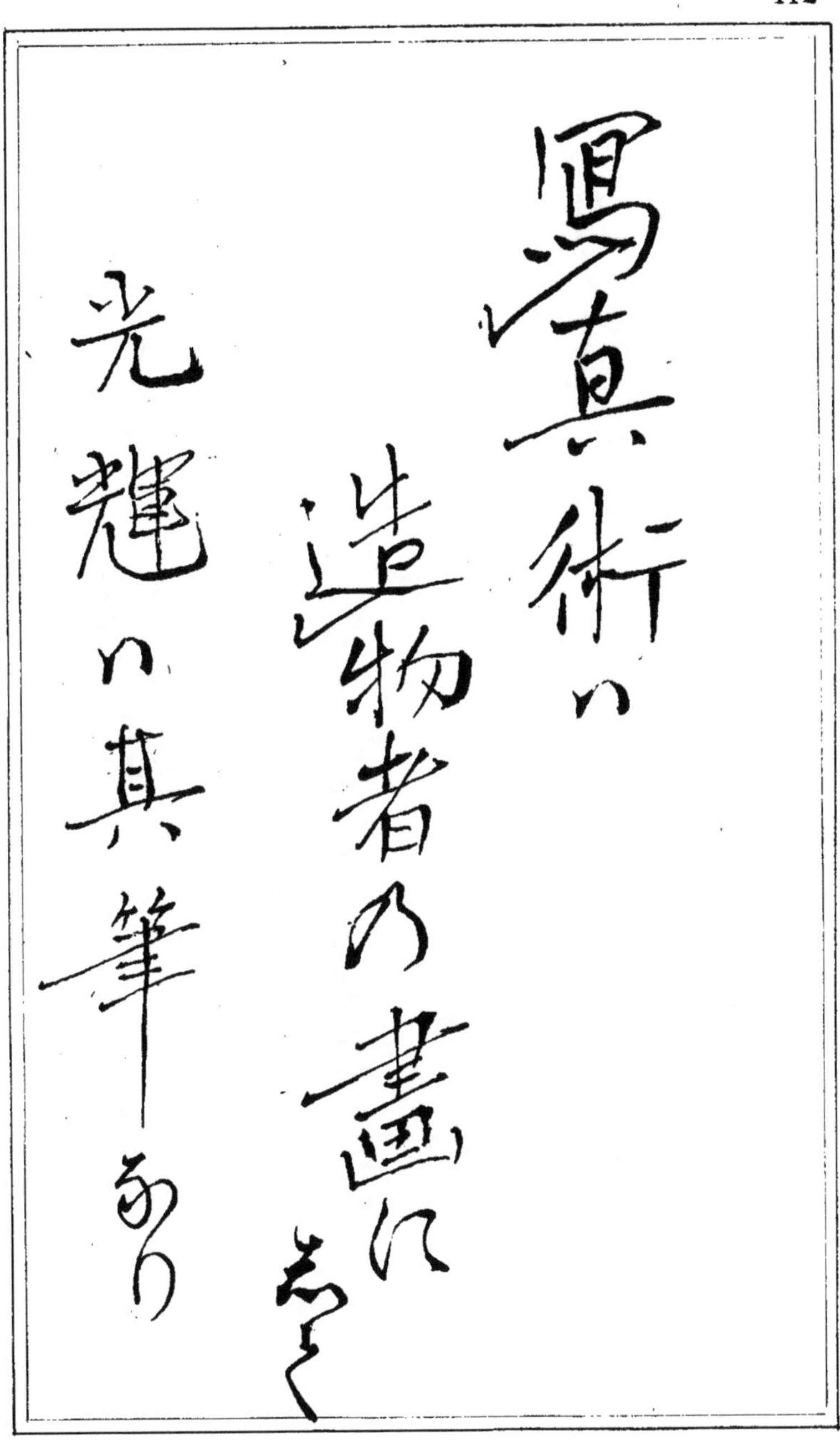

俗文

都而外國人ハ日本之俗文を解し不申候

併し外國人ニ而候得共

當年も日本ト条約相行
陸して隨分盛に可申と存
候

明日御殿之御出ツヽ
御出浮らし可成事

[illegible]

天の尓ましまする我等が御父御名たふとまれ給ひ御代来たり給へ
あまねくし給へ 天地のごとく御こころのまゝなるべ
し今日吾が食を見給ひて与へ給へ 又 我がつみを見
ゆるし給へ人をゆるすごとくにゆるし給へ 又 あしき
なやみよりのがれさせ給へ あしき物を神よりはなれ

口上之覚

竹内下野守
松平石見守
京極能登守

其都府承渡之比合差滞五十日限
聞合之趣再渡之比合も貴国第八月下旬之
可成滞五十日限より府之上ニ而急速之今分

銀之雜種期且又亀曽西亞ヨリ海路ホルトカルヘ相越又
ヨリ其都府ニ至渡候儀ハ兼而其外承知之事務方
ニニ而見ル事ハ中ニ入候事ニ又 其路ニ都府ヨリ渡海之村
亀曽西亞ヨリ陸路其國ニ至渡ホルトガルヘ相越同處

より地中海歴山亞へ着船夫より渡来之節
ニ通帰船之積右ニ付当国出留之甚こまりん
らも臣細讀ミ及ひし候得ども役ニ立不申事務
ミニ存し候義通ニ而も長年了而事

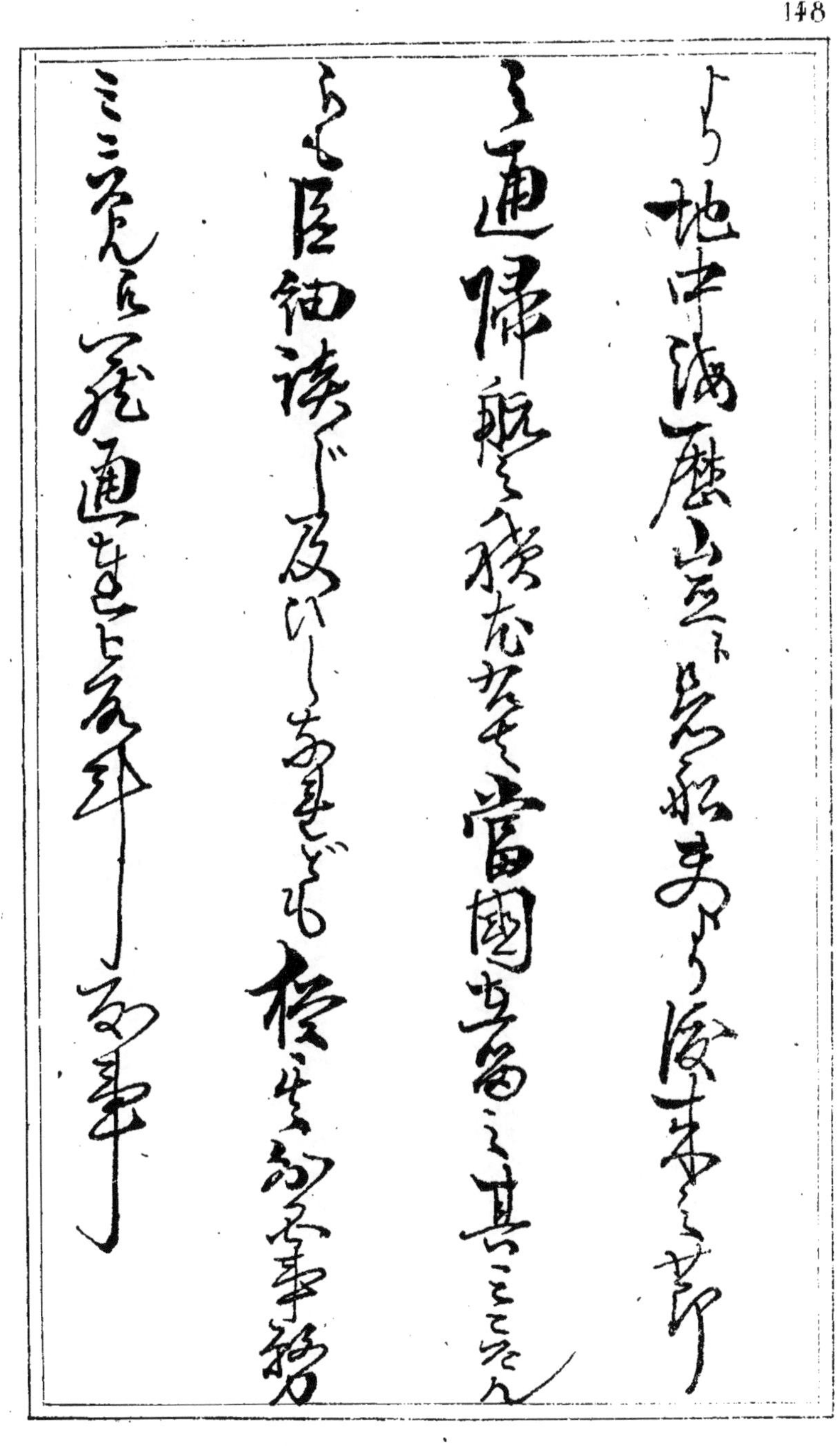

文久二年戌六月六日

大日本使節之全権として記之

[illegible]

羅尼君

天智天皇

秋《あき》の田《た》のかりほの
いほの苫《とま》をあらみ
我《わが》衣手《ころもで》ハ
露《つゆ》にぬれつゝ

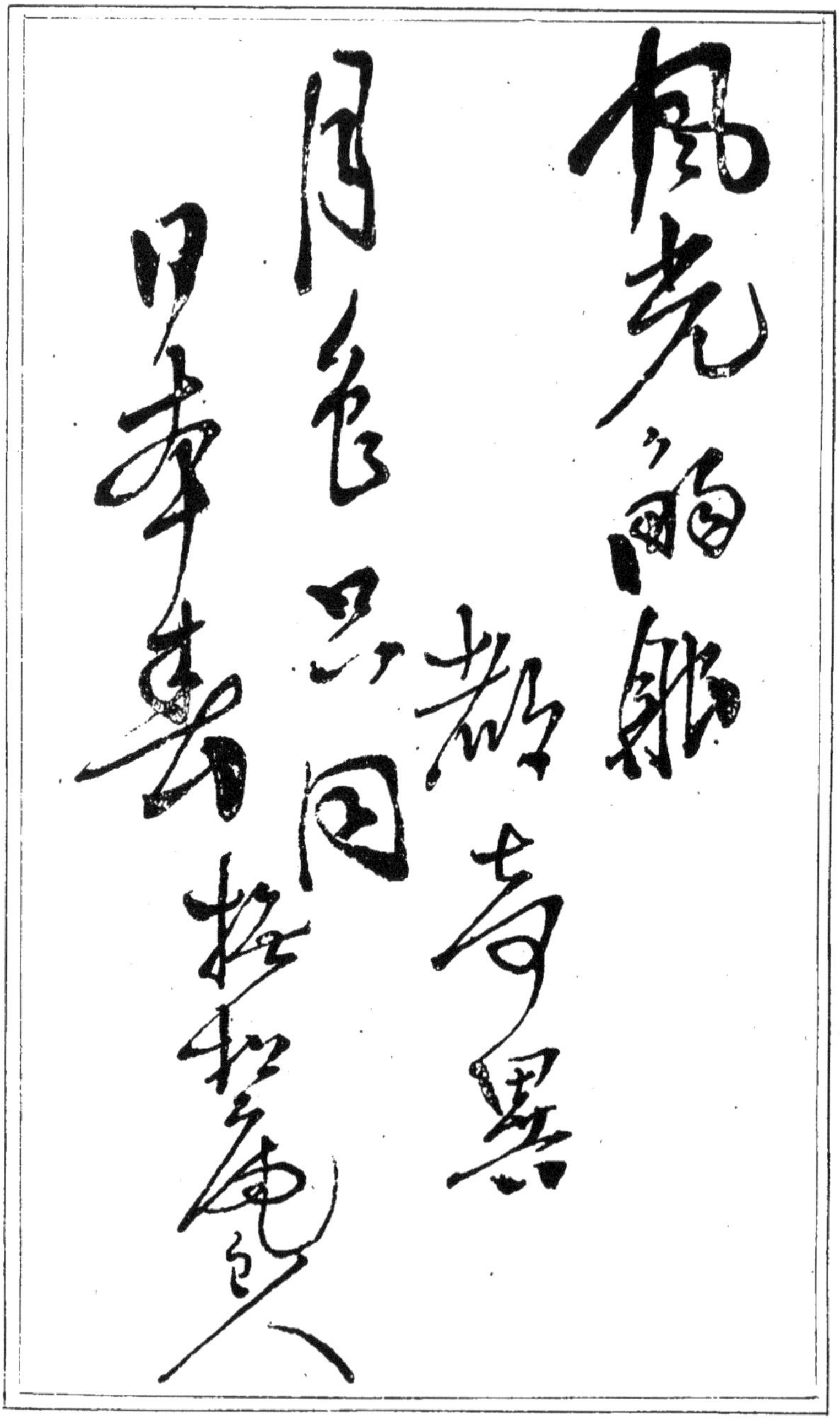

植て見よ花の
そだゝぬ里はなし
こゝろからこそ身は
いやしけれ

福澤諭吉

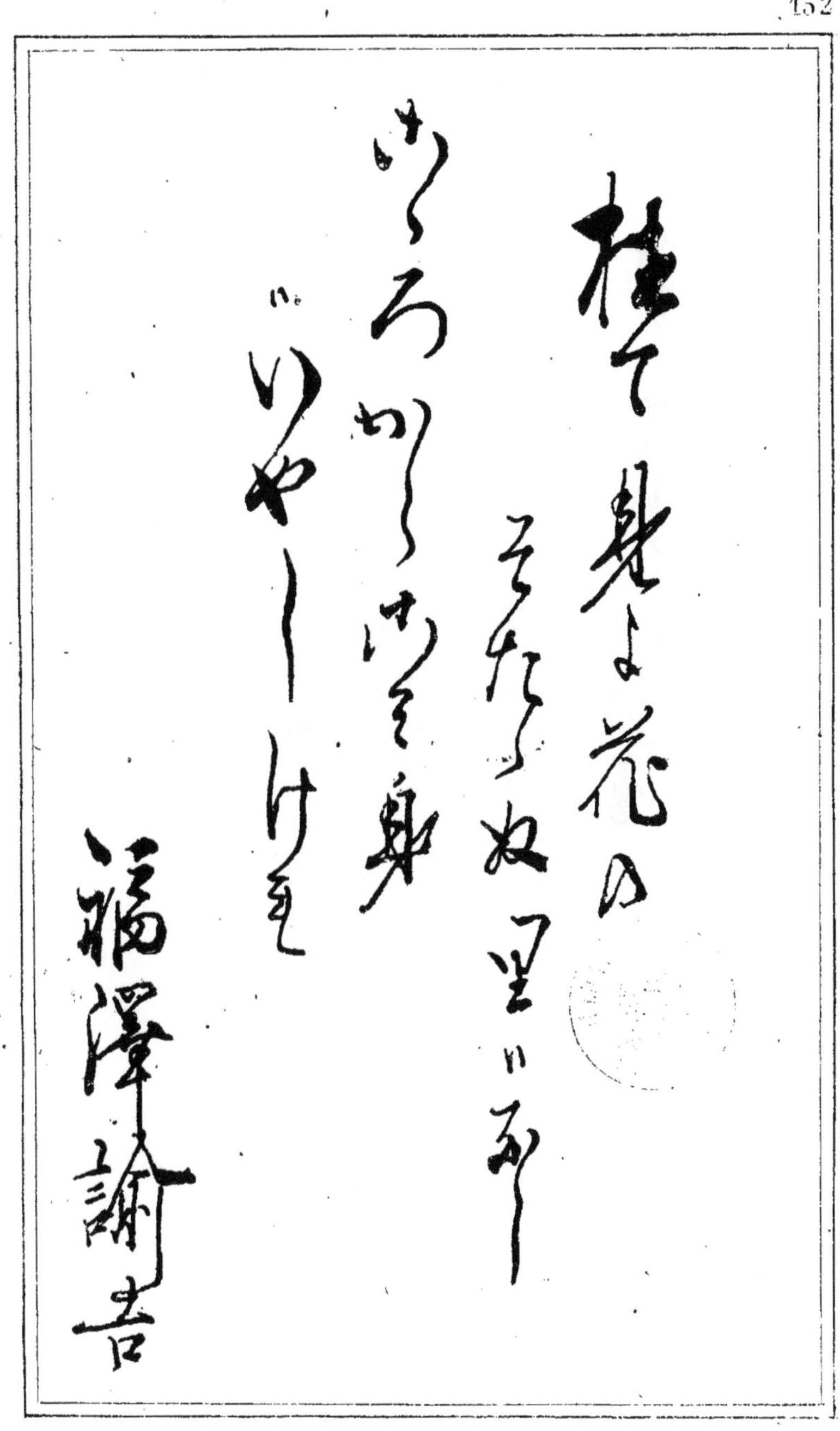